LA RÉVOLUTION

DE

1869

IMPRIMERIE GÉNÉRALE DE CH. LAHURE

Rue de Fleurus, 9, à Paris

LA RÉVOLUTION

DE

1869

PAR

F. ARNAUD (DE L'ARIÈGE)

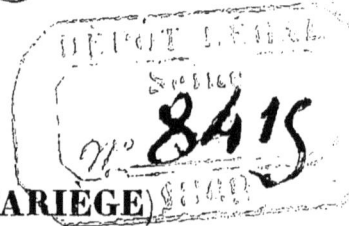

PARIS

ARMAND LE CHEVALIER, ÉDITEUR

61, RUE RICHELIEU, 61

1869

AVANT-PROPOS

Les pages que nous publions étaient sous presse, lorsqu'a paru le décret qui convoque le Corps législatif, non à la date que désignaient les plus simples convenances, aussi bien que les nécessités légales, mais au terme intentionnellement reculé du 29 novembre.

Pourquoi ce retard, quand il eût été si facile, même la question constitutionnelle fût-elle douteuse, de mettre fin aux inquiétudes publiques qui pèsent sur la situation?

N'était-ce pas assez d'avoir si irrévérencieuse-

ment congédié les élus du peuple, quand il s'agissait d'opérer des réformes réclamées par le pays?
Fallait-il encore donner à l'acte de convocation
l'apparence d'un défi à l'opinion indépendante?

Ce n'est pas sans motifs graves qu'un gouvernement prend une pareille attitude et assume
sur lui une aussi grande responsabilité.

Évidemment, il y a, au fond de cette politique,
une pensée réfléchie, persévérante et même sys-
tématique ; cette pensée, c'est d'affirmer plus que
jamais le pouvoir personnel. Nous l'avons signa-
lée dans notre écrit; les circonstances la rendent,
aujourd'hui, manifeste.

En face du vrai souverain qui veut reprendre
l'empire, le gouvernement de fait prétend rester
omnipotent; à la révolution radicale qui invoque
le droit national, il oppose son droit propre. Voulant bien faire sentir qu'en lui seul il possède sa
raison d'être, plus il y aura d'arbitraire dans ses

actes, plus vivement s'accentuera sa prétention de ne rien céder de son principe.

Une occasion éclatante de mettre en relief cette pensée s'offrait à lui ; il l'a saisie, même au risque de susciter, au 26 octobre, des dangers redoutables.

Là se trouve, qu'on n'en doute pas, la vraie cause de cette grave résolution, car nous n'y voulons pas voir un piége.

Quoi qu'il en soit de l'intention, le piége n'existait pas moins ; et, un moment, on a pu craindre que le peuple de Paris n'y fût précipité par les conseils de ses amis les plus sincères.

Heureusement que tout, aujourd'hui, donne lieu d'espérer que la prudence l'emportera sur la colère. Les avertissements lui arrivent de la plupart des organes de la presse indépendante, même de ceux qui sont les plus convaincus que la constitution est violée.

Oui, certes, devant la violation flagrante par le pouvoir du droit constitutionnel d'un pays, tous les genres de revendication sont légitimes.

Mais tous ne sont pas toujours sagement choisis et opportuns.

Quand tous les efforts de l'opinion publique battent en brèche le régime issu de décembre, et qu'on aperçoit l'heure prochaine où il n'en demeurera pas vestige ; quand le pouvoir, toujours résistant et toujours débordé, est condamné peu à peu à déchirer cette constitution de ses propres mains, il serait plus qu'étrange qu'au nom d'un détail juridique et d'une formalité douteuse, on risquât de mettre le pays en feu pour défendre les quelques lambeaux qu'il en reste.

Nous avons la pleine confiance que la population parisienne ne commettra pas l'immense faute d'inaugurer la période de rénovation radicale où nous marchons à pas rapides, par des démonstrations dont l'unique résultat serait d'alarmer le pays et de fournir de nouveaux prétextes au pouvoir dictatorial.

Le peuple a fait ses preuves, au jour de l'élection, par la sagesse et la mesure qui lui ont inspiré ses votes ;

Il a fait ses preuves en s'abstenant de prendre part aux mouvements, jusqu'ici inexpliqués, qui ont troublé les rues de Paris, au lendemain des élections.

Il saura montrer le même esprit de modération et de sagesse, en laissant ses députés accomplir leur œuvre révolutionnaire, résolûment, mais pacifiquement.

Aux députés incombent de grands devoirs, d'autant plus grands qu'il dépend d'eux de rendre les moyens insurrectionnels à tout jamais inutiles, en se faisant, sans relâche, les organes fidèles des vœux du pays. Divisés par leurs programmes, ils ne peuvent l'être quand il s'agit de leur dignité commune et des droits essentiels de tout peuple libre.

Dans un premier moment de surprise, songeant trop à leurs dissidences, ils ont commis la faute de ne point répondre par une protestation collective à l'acte inouï qui les prorogeait. L'occasion s'offre, aujourd'hui, de tout réparer, en même temps que de calmer l'effervescence des esprits. Des protestations individuelles, bien loin de conduire au but, aggraveraient la situation. Il faut que, par leurs résolutions unanimes, le pays se sente hautement représenté dans sa souveraineté et dans sa dignité.

Quand le peuple saura que rien, désormais, grâce à la fermeté, à la persévérance calme mais indomptable de ses élus, n'arrêtera ni ne ralentira l'irrésistible révolution qui s'opère, il repoussera, comme autant de piéges, toutes suggestions de tentatives violentes.

Il faut s'attendre aux résistances opiniâtres et
et aux efforts désespérés du gouvernement personnel. Opposons-leur l'imperturbable volonté de
les vaincre par la seule puissance du droit.

C'est dans cet esprit qu'ont été écrites les considérations qu'on va lire. Les derniers actes du
pouvoir leur donnent, croyons-nous, un degré de
plus d'opportunité.

Paris, 16 octobre 1869.

LA RÉPARATION MORALE

CHAPITRE PREMIER

LA RÉPARATION MORALE

I

Je veux essayer de dégager l'idée dominante des élections de 1869 et d'en marquer le caractère moral.

Au lendemain, ce soin pouvait paraître superflu. La conscience nationale avait parlé si haut, malgré l'effroyable pression administrative; le vote, sous le masque des triomphes officiels, avait fait éclater des affirmations si formelles et des revendications si péremptoires, que la France et l'Europe n'avaient plus qu'à attendre la consécration et l'exécution de la volonté du pays par les représentants de sa souveraineté reconquise.

L'opinion s'inquiétait peu du désarroi où le vote avait jeté les soutiens du gouvernement personnel; elle s'inquiétait peu des explications puériles ou sophistiques qu'on mettait en œuvre pour travestir cette grande manifestation et voiler sa portée morale; elle s'arrêtait moins encore aux objurgations des oracles du régime, doctrinaires en quête d'équilibres impossibles, ne trouvant rien de mieux que de rendre responsables des exigences toujours croissantes de l'opposition, les ministres mal avisés et les magistrats imprudents qui n'avaient pas accompagné la détente libérale du 29 janvier du lest des répressions sévères[1].

Ni les troubles de la rue qui permettaient d'évoquer le spectre rouge; ni l'espoir qu'affectaient les gouvernants de retrouver leur fidèle majorité, quelque peu diminuée sans doute, mais d'autant plus homogène, compacte et dévouée; ni les déclarations, émanées du chef de l'État lui-même, qui montraient qu'on n'entendait pas sortir du régime des libertés octroyées, n'ébranlaient l'imperturbable confiance du pays.

Sa volonté semblait devoir écarter tous les obstacles. Cette volonté s'imposait avec tant d'évidence, que ceux-là mêmes de messieurs les députés qui, la veille, n'eussent demandé au chef de l'État, sur le ton de l'humble supplique, que des libertés octroyées, aujourd'hui se permettaient d'élever la voix au nom de la pensée nationale.

C'était les rôles intervertis; et plus que les rôles : on osait porter la main aux fondements mêmes du régime.

---

1. Voir la lettre de M. de Persigny, du 12 juin.

II

Ainsi, du premier coup, et par la force des choses, la question se posait entre le pouvoir personnel
et la nation souveraine s'affirmant par ses représentants. Ce n'était point, qu'on l'entende bien, un pas
de plus dans la voie des concessions volon'aires, le
développement spontané de l'œuvre inaugurée au
29 janvier; c'était le choc de deux principes : la
dictature et le droit national.

Il fallait qu'à l'heure même, par cela seul que le
problème se dressait dans ces conditions radicales,
l'un des deux principes vainquît l'autre. Le pouvoir
et la chambre nouvelle ne pouvaient se trouver en
présence, sans qu'aussitôt la situation fût tranchée,
et tranchée contre le gouvernement personnel.

Le pouvoir ne s'y est pas trompé; au premier signe des élus du peuple, il a compris qu'il ne s'agissait plus de leur parler en maître, mais de venir recevoir d'eux le mot d'ordre.

Or, céder, c'était abdiquer, et abdiquer devant
qui ? devant ces mêmes hommes qui venaient d'être,
hier encore, les témoins, les complices et les bénéfi-
ciaires de ce système de pression administrative et
de tutelle électorale, dernière expression du gouvernement personnel. Faire amende honorable entre les
mains des ci-devant candidats officiels transformés

subitement en députés indociles et même impérieux, c'eût été, on en conviendra, pour les maîtres de la veille, le comble de l'humiliation.

Il faut croire, d'ailleurs, qu'une logique fatale et vengeresse tient chaque régime attaché à ses origines, et qu'un instinct l'avertit que, s'y soustraire, c'est se suicider. Le gouvernement personnel, surtout quand il date d'un coup d'État, pourra en venir, les circonstances lui en faisant une loi, à opérer des réformes libérales, même d'une certaine étendue, mais à la condition qu'on lui laisse au moins l'apparence du *motu proprio*. Lui dénier ce privilége, prendre vis-à-vis de lui le ton de l'injonction quand on se dit une simple opposition dynastique, c'est aussi contradictoire qu'irrévérencieux.

Ainsi l'ont jugé les représentants du pouvoir. Qu'avaient-ils à ménager ces députés, leurs créatures, qui se présentaient le verbe haut? Le premier acte du gouvernement a donc été de leur faire sentir l'inconvenance de leur attitude, et de les ramener à leur vrai rôle, en les prorogeant jusqu'à ce que la situation nouvelle fût réglée par l'initiative du chef de l'État.

III

Faut-il s'étonner de ces procédés césariens? c'est le procédé contraire qui eût confondu toute logique.

Moitié par nécessité de situation, moitié par aveu-
glement, on y était condamné. Quand on s'est affirmé
longtemps les sauveurs d'un peupl·, on finit par se
croire des tuteurs indispensables; quand on a mis,
pendant des années, avec un superbe dédain de l'o-
pinion, une sourdine sur les organes naturels et légitimes de la volonté nationale, à commencer par le
premier de tous, le suffrage universel, on devient
étranger aux mouvements qui se produisent dans les
masses, on perd le sens des soudaines émotions qui
en résultent; devant les soulèvements de la conscience publique, on a des yeux pour ne point voir
et des oreilles pour ne pas entendre.

Telle est aujourd'hui l'attitude du pouvoir personnel. Obstinément ancré dans ses souvenirs et rivé à
son principe, il a montré, par la prorogation des élus
du pays, qu'il entendait garder l'initiative, c'est-à-
dire rester le gouvernement personnel. Fermant les
yeux à l'évidence, il semble ne pas même se douter
de l'avertissement décisif qui est sorti de l'élection.

Il est donc plus que jamais nécessaire et urgent
de remettre en lumière la pensée du pays. Cette pensée que les chefs du pouvoir se sont mis dans l'impossibilité de comprendre, il faut que ceux qui n'ont
cessé de s'en pénétrer la leur disent.

Quant à moi, je suis résolu à la signaler sans dé-
tour. Je le ferai, non en spectateur impassible, mais,
je l'avoue, en témoin qui a pris à la lutte une part
active et ardente, en citoyen qui a senti battre le

cœur des populations, qui s'est identifié avec elles, qui a partagé leurs vives indignations, et qui s'est fait l'écho de leurs revendications souveraines.

Il importe que la haute formule de ces revendications demeure hors de toute atteinte, si l'on ne veut recommencer les mêmes fautes et faire naître de nouvelles et plus redoutables complications.

Ma tâche sera facile, car jamais manifestation nationale n'a été aussi simple, aussi nette, aussi éloquente.

On a eu beau s'efforcer d'en détourner le sens, pendant les longs préliminaires de l'élection ; on a eu beau, depuis, en voiler la portée morale ; l'Europe, attentive et émue, a senti que c'était bien la grande nation qu'elle retrouvait devant elle.

IV

Quelle est donc cette idée qui s'est dégagée des profondeurs de la conscience nationale, et qui, soudain, a réhabilité la France dans sa grandeur morale devant le monde?

Faut-il la chercher dans l'une ou l'autre des questions capitales qui ont formé le programme de ses revendications?

Est-ce dans la question de la paix qui, depuis l'établissement du second empire, tient la France inquiète et l'Europe anxieuse?

Est-ce dans la question, plus accentuée encore, des libertés intérieures? Est-ce dans le besoin, si profondément senti par les masses, de s'éclairer et de se reconquérir par la presse libre, par les réunions libres, par la diffusion de l'enseignement à tous les degrés et surtout de l'enseignement primaire, par le réveil de la vie départementale et de la vie municipale?

Est-ce dans les graves problèmes sociaux qui, un moment, dans les orageuses réunions qui précédèrent la période électorale, semblèrent devoir effacer toutes les autres préoccupations et créer un courant irrésistible?

Est-ce plutôt dans le soulèvement de l'opinion publique contre la tutelle trop longtemps subie du gouvernement personnel?

Assurément, tous ces grands sujets ont formé le fond des importants débats qui se sont ouverts sur tous les points de la France. Si une protestation générale s'élevait de son sein contre l'omnipotence du pouvoir, ses griefs s'attachaient aux causes diverses qui lui avaient révélé, d'année en année, en les lui faisant rudement sentir, les graves conséquences de ce régime.

Atteinte dans ses intérêts, dans sa dignité, dans la sécurité de ses relations extérieures, muette à l'intérieur, écrasée d'impôts, elle avait subi tous les genres de servitudes, à tous les degrés et dans tous les ordres, dans la commune, dans le département, dans le mouvement général de ses affaires, dans toutes les manifestations de sa vie publique.

Mais, en même temps, et aussi sans relâche, l'œuvre active de l'opposition, par la presse, par la tribune, par tous les moyens possibles de propagande,
avait fait la lumière sur tous ces grands intérêts sa-
crifiés, à mesure que les événements les mettaient à
l'ordre du jour.

Il était naturel qu'au moment où allait se résumer
et se formuler, en un vote solennel, le jugement du
pays, toutes ces questions revinssent, par une sorte
de bouillonnement, à la surface, et que chacune
d'elles, saisie plus particulièrement par ceux que
cette question avait le plus vivement touchés et pas-
sionnés, devînt l'objet de leurs préoccupations les
plus vives et leur principal moyen d'attaque contre le
gouvernement personnel et arbitraire. Bien qu'inté-
ressant à des degrés divers les groupes électoraux,
elles n'en formaient pas moins le programme général et commun de l'opposition. Sur tous les drapeaux
on lisait : Paix, désarmement, réduction du budget
de la guerre pour augmenter celui de l'instruction
publique, émancipation de la commune, émancipation du département, liberté et toutes les libertés,
et par-dessus tout celle des consciences par la sépa-
ration du spirituel et du temporel, etc., etc.

V

Oui, tout cela a été agité, exprimé, mis en lumière, dans la longue et ardente élaboration de l'œuvre électorale ; tout cela devait se retrouver dans le vote. Et les électeurs sont louables d'avoir cherché des affirmations nettes, sur toutes ces questions, dans les programmes des candidats, ou dans *leur passé* qui est un gage plus assuré encore que les programmes.

Joignez à ces éléments du débat la question de la papauté temporelle, que le clergé est venu mal à propos jeter à la traverse de la grande manifestation libérale qui se préparait, et le désir très-formel de l'opposition démocratique d'en finir avec cette question qui apporte une complication si déplorable dans notre politique à l'extérieur et à l'intérieur.

Joignez-y les préoccupations d'une portion du public parisien au sujet des questions économiques et sociales sur le crédit, sur le travail, sur la production et la distribution de la richesse.

Vous aurez bien là tous les éléments de la lutte. Et l'on peut dire qu'à part ces dernière questions sociales — d'un intérêt capital, il est vrai, mais venues inopportunément — sur lesquelles se seraient produites, sans doute, des dissidences entre les démocrates, sur toutes les autres se faisait, de plus en plus, une sorte d'unanimité dans l'opinion indépendante.

D'où vient donc que, malgré ce concert des forces opposantes, un trouble secret r stait dans les esprits, une effe vescence vague mais ardente agitait les âmes comme en travail d'une grande explosion du sentiment national?

C'est que l'instinct public jugeait que dans aucune de ces questions, ni même dans leur ensemble, n'était l'intérêt émouvant de la lutte. Vous eussiez fait un programme unanime de toutes ces questions, accepté par tous les candidats opposants, la conscience publique ne se fût pas tenue pour satisfaite.

Était-il donc, cet intérêt supérieur, dans cette question qui dominait toutes les autres, vers laquelle toutes celles-là convergeaient : la nation voulant reprendre possession d'elle-même par le jeu libre, sincère, du suffrage universel? Pas davantage.

VI

Qu'y avait-il alors au fond de ce mouvement, et pourquoi le monde était-il si attentif et si ému?

Au fond de ce mouvement, inconscient d'abord, mais de plus en plus manifeste, il y avait avant tout un besoin de justice réparatrice. C'était plus qu'un acte politique, plus qu'une opposition libérale et un besoin de réformes, c'était un mouvement intime de la conscience nationale qui voulait que le vote de 1869 fût un verdict de haute moralité et de souveraine revendication du droit viclé.

Voilà ce qui faisait l'intérêt de la lutte, ce qui allait être le trait caractéristique de l'élection et lui donner sa physionomie propre.

Le pouvoir le pressentait. C'est pourquoi il avait à cœur de créer des courants factices propres à égarer les esprits en les frappant de terreurs imaginaires. Il évoqua donc le spectre rouge, utilisant ainsi et attisant les divisions que les problèmes sociaux avaient provoquées dans les réunions populaires. Il y eut un moment où l'opinion publique sembla déroutée et l'opposition sans boussole. La vivacité des conflits sur les questions diverses faisait naître des doutes sur le courant définitif que suivrait le mouvement électoral.

VII

Cependant, certains symptômes faisaient entrevoir quel serait le caractère dominant de l'élection :

Un écrit, retentissant en France comme un coup de foudre, et dirigeant tous les regards et toutes les consciences vers les origines du régime et ses conséquences désastreuses ;

Un plaidoyer, non moins célèbre, faisant autour d'un nom une popularité soudaine et générale ;

Les souvenirs du coup d'État surgissant du plus profond de la conscience publique, comme pour commencer le verdict définitif et suprême de l'histoire.

C'étaient déjà des traits de feu traversant les ténèbres qu'on tâchait de faire si épaisses.

On pouvait prévoir que le vote de 1869 serait avant tout un jugement, et que ce jugement serait inexorable comme la justice, et d'autant plus sévère, que la violence prolongée en avait plus longtemps empêché l'expression.

Le moment venu, l'idée latente a surgi, s'est dégagée, nette, distincte, implacable; elle a éclaté comme l'illumination subite de la conscience humaine reconquise et vengée.

Dans son caractère supérieur, l'élection de 1869 est une flagellation.

VIII

Ce n'est pas seulement à Paris qu'elle a eu ce caractère; c'est aussi en province.

Ici comme là, c'est ce qu'on a appelé la revendication irréconciliable.

En province, même, cette revendication était plus directe, plus générale, plus dégagée des questions spéciales, embrassant le présent comme le passé, atteignant à la fois l'iniquité violente à son point de départ et dans ses conséquences persistantes et actuelles.

A Paris, du moins, la vie politique n'avait jamais pu être éteinte ou paralysée pleinement par la compression. Le contact et le mélange continuels des éléments indépendants de cette intelligente et vivante population avaient entretenu en elle le sens politique; les moyens d'intimidation et de corruption électorale n'y étaient guère possibles. Aussi, dès 1857, fit-elle entendre sa première protestation ; et, depuis, cette protestation n'a jamais cessé de s'accentuer toujours davantage, jusqu'à devenir le vote éclatant de 1869.

En province, la compression était plus facile. C'est là qu'a pu s'étaler, triomphant, pendant de longues années, le système des candidatures officielles, c'est-à-dire ce monstrueux état de choses, où le gouvernement, par la violence et la corruption, imposait au pays la nomination des députés chargés de contrôler les actes du pouvoir et de faire les lois.

IX

A tout prendre, ce système était pourtant plus logique qu'on ne pense. C'eût été peu d'avoir sauvé le pays de lui-même par un premier acte audacieux de suprême tutelle, si l'on n'eût continué de le sauver chaque jour par des moyens de même nature. Le coup d'État libérateur une fois admis comme une nécessité dictatoriale, il était naturel que l'on systématisât, par le régime des candidatures officielles, largement et autoritairement pratiqué, la tutelle permanente envers cette nation hors d'état de se gouverner elle-même. La fin justifiant toujours les moyens, toute l'armée des fonctionnaires, du plus haut au plus bas de l'échelle, a dû avoir pour principale destination de tenir le pays sous cette tutelle gouvernementale, de lui faire sentir que sa pensée devait se modeler sur celle de ses sauveurs, que ses aspirations devaient prendre d'eux le mot d'ordre; puis, le moment venu de nommer ses représentants, un pays si bien préparé n'avait qu'à laisser à ses maîtres le soin de faire parler le suffrage universel.

En sorte que la méthode gouvernementale systématiquement pratiquée dans le cours de ces dix-huit années, pour préserver le pays de la révolution et de l'anarchie, correspondait si bien aux moyens employés pour accomplir le grand acte libérateur de 1851, qu'on peut appeler ce régime : *le coup d'État en permanence.*

X

Faut-il s'étonner que lorsque le pays, las d'être ainsi sauvé, humilié d'être traité en mineur, a voulu reprendre possession de lui-même, il ait remonté d'un bond à l'acte initial de décembre, pour juger et stigmatiser, à son point de départ, tout le système ?

Si la dictature a ses procédés logiques et ses nécessités fatales, la justice réparatrice a les siens. C'eût été l'éternelle honte de la France, que le premier acte de son réveil n'eût pas été un acte de dignité morale, et que, voulant se reconquérir elle-même, sa pensée supérieure n'eût pas été une suprême réprobation de l'attentat qui avait provoqué son abdication. Ce sera son éternel honneur que sa résurrection ait été une résurrection morale, et son premier acte un verdict réparateur.

C'est là ce qui fait la grandeur de ce mouvement national devant l'Europe. C'est ce qui fait que les peuples, se retrouvant en face de la France, sentent qu'ils se retrouvent en face du peuple initiateur, c'est-à-dire de ce peuple qui représente dans le monde l'idée du droit inviolable et de l'éternelle justice[1]. Si la France se fût bornée à une simple revendication de ses libertés et d'un contrôle plus facile de ses intérêts, elle eût été une nation quelconque

---

1. « Sur nous se tournent, comme jadis, les regards de tous les amis de la liberté ; on entend parler de nouveau, en Allemagne, du *rôle initiateur* de la France. Hélas ! il y a bien longtemps qu'on n'en parlait plus. Le prestige de la nation reparaît, et je ne sache pas qu'il ait brillé d'un aussi bel éclat depuis de bien longues années. » (*Correspondance de Stuttgard*, du 8 juin. — Voir le journal *le Temps*, du 12 juin 1869.)

faisant un pas dans la voie de ses destinées progressives ; elle n'eût pas été la France de 89 dont la parole est le verbe vivant de l'humanité.

Son mouvement électoral s'est appelé *la revendication irréconciliable*, parce qu'il est avant tout un acte de la conscience nationale, et que là, dans ce for que ni le temps ni les faits modifiables ne peuvent atteindre, il n'y a point de prescription contre le droit.

C'est là qu'est la gravité de l'élection de 1869, parce que là est sa moralité.

XI

Mais, cette revendication est-elle un acte révolutionnaire ? La France entend-elle déclarer par là qu'elle veut rouvrir l'ère des révolutions ?

Je n'ai pas à faire ici un traité théorique sur les révolutions.

Encore moins ai-je à me placer, en fait, au point de vue d'une situation révolutionnaire actuelle. Si je croyais la France saisie présentement de cette fièvre qui présage l'explosion imminente des colères d'un peuple, je n'aurais pas l'impertinence de disserter sur un pareil sujet. Les révolutions, extrémité toujours lamentable, ne se posent pas d'avance comme une thèse à débattre ; elles ne se discutent pas. Même devant les iniquités les plus monstrueuses qui les rendent inévitables, les nobles cœurs se remplissent d'angoisse, à l'idée seule qu'elles vont éclater sur leur pays.

Grâce à Dieu, nous n'en sommes pas à ces effroyables prévisions. Il faut espérer que la France saura se reconquérir pleinement, sans avoir recours à ce moyen suprême qui ne se suppose que lorsque tous les autres sont épuisés et inutiles. Elle a son droit imprescriptible et la possibilité d'en reprendre l'exercice par le suffrage universel; elle est en voie de confier le soin de ses destinées à des députés qui la représentent véritablement, et qui, à mesure que ses volontés se formuleront d'une façon plus générale et plus expresse, opéreront pacifiquement toutes les transformations que l'opinion publique rendra nécessaires.

Pourquoi donc cette question révolutionnaire s'est-elle présentée sous notre plume? C'est qu'elle a préoccupé les esprits pendant la période électorale et donné lieu à de regrettables confusions. Il m'a paru utile de les dissiper.

XII

Il importe avant tout de remarquer que cette question de révolution est parfaitement distincte de ce mouvement moral qui a caractérisé essentiellement, suivant moi, l'élection de 1869, et que j'ai appelé un verdict moral atteignant le régime dans l'acte de décembre où il a pris sa source. Tel citoyen qui s'est associé, avec la sévérité d'un juge, à ce verdict réparateur, et qui en a fait un acte de conscience *irréconciliable*, se déclarerait peut-être l'homme le plus ennemi des révolutions, si la question était posée.

Et cela est moins contradictoire qu'on ne pense.

Il faut s'expliquer clairement et aller au fond des choses.

Si les peuples ont des intérêts mobiles et des préférences, quelquefois capricieuses, qui peuvent les faire passer d'un régime à l'autre, ils ont une conscience qui ne peut périr. Qu'une passion, une défaillance, une surprise les empêchent un moment d'entendre les avertissements de cette conscience qui est la voix du droit immuable, tôt ou tard les sanctions inévitables les y ramènent.

C'est qu'au-dessus des lois conventionnelles, des formes changeantes et des souverainetés humaines, il y a la morale éternelle et inviolable. Les peuples peuvent modifier à leur gré leurs constitutions, ils ne peuvent pas changer la moralité des choses, ils ne peuvent pas effacer le caractère criminel d'un acte, parce qu'il leur convient d'en recueillir un bénéfice ; et si, par faiblesse ou par égoïsme, ils ont accepté un régime ayant sa source dans une grande iniquité morale, l'acceptation fût-elle unanime et longtemps persistante, le fait initial, avec son caractère moral, demeure inaltérable ; et l'histoire, à toute heure, le

lendemain comme dans la suite des siècles, le signale, le juge et le stigmatise avec ce caractère.

Dieu lui-même, le souverain absolu des êtres, ne
peut pas effacer ce caractère indélébile d'un acte accompli. Il peut faire grâce au coupable de la peine
encourue ; il peut laver l'âme, criminelle mais re-
pentante, de sa souillure, mais il ne peut pas plus
effacer le caractère criminel de l'acte, qu'il ne peut
faire que deux et deux ne fassent pas quatre.

XIII

Ce que Dieu ne peut faire, le peuple le pourrait-il?
A-t-il pu effacer le caractère moral de l'acte de décembre, l'enlever à l'histoire, et faire découler de
cette source criminelle une ère nouvelle où les consciences, parfaitement tranquilles, et satisfaites du
courant qu'auront repris les affaires, n'auront plus
à se souvenir et à s'inquiéter du point de départ?

En vérité, il semblait, à entendre certains hommes,
depuis dix-huit ans, prétendus docteurs en morale et
même en religion, que les millions de suffrages don-
nés à l'auteur du coup d'État eussent eu le pouvoir
d'accomplir ce miracle inouï d'enlever un fait à l'é-
ternelle et implacable loi morale. On a trop souvent
répété : « L'assentiment de ces millions de voix a
couvert le fait. Il n'y a plus à y revenir. »

N'a-t-on pas poussé l'audace jusqu'à s'écrier :

« Nous ne faisons pas de distinction, nous les servi-
teurs zélés, entre le 2 et le 20 décembre, nous ne répudions rien, au contraire, nous nous glorifions de
tout. »

C'est en vain qu'on veut établir une solidarité nécessaire entre ces deux dates et innocenter *un crime*
par le vote d'un peuple. En fait, c'est calomnier la
France, que de la supposer complice par un vote ré-
trospectif ; mais sa complicité fût-elle manifeste, directement exprimée, sa honte n'effacerait pas la cri-
minalité de l'attentat.

Non, non, mille fois non. Les millions de voix,
et ici nous rentrons dans les conditions et les règles
de la politique pratique, ont pu accepter après, comme
elles l'eussent pu faire avant, un régime quelconque
qui a eu et qui a ainsi sa raison d'être tant que ces
millions de voix ne changeront pas d'avis. Mais elles
n'ont pu rien ôter au caractère moral du coup d'État.
Ce caractère lui reste, et rien ne pourra faire que
l'histoire, sous peine de n'être plus l'histoire, c'est-
à-dire la justice, n'appelle pas cet acte : *le crime de
décembre.*

XIV

Voilà pourquoi, partout où ce mot a retenti, non
comme un cri séditieux appelant à la révolte, mais
comme une protestation au nom de la morale outra-

gée, il a été inattaquable. Voilà pourquoi, quand ce mot à éclaté, sur des lèvres indignées, dans le sanc- tuaire de la justice, les magistrats, qui eussent arrêté des paroles séditieuses contre le régime et les lois établies, ont dû laisser l'éloquent orateur accomplir jusqu'au bout sa mémorable et implacable revendi- cation [1].

M. de Persigny s'abuse quand il se figure que des magistrats pouvaient fermer la bouche à l'avocat ven- geant l'éternelle morale. Il y a donc, en France, des hommes d'État qui ne se doutaient pas que, le jour où la parole serait rendue un peu libre, le premier besoin de toute âme honnête serait un besoin de ré- paration morale?

Et cet hommage réparateur, que doit toute con- science à la justice violée, les peuples le doivent aussi. Ils le doivent d'autant plus qu'ils ont plus longtemps, par lassitude, ou indifférence, ou pusilla- nimité, laissé se dérouler les effets funestes de l'acte coupable.

Il ne suffirait pas, lorsque plus tard la logique inévitable leur fait subir les rudes conséquences de leur abandon, que ces peuples, peu jaloux de puri- fier l'acte initial, se bornassent à supprimer, par quelques modifications utiles, les résultats dont ils souffrent.

Non, il faut, avant tout, que la morale ait satisfac-

1. Voir la plaidoirie de Me Gambetta, dans l'affaire de la sous- cription Baudin.

tion. Un peuple qui, voulant se relever, ne commencerait point par un acte de réparation morale, ferait œuvre impuissante, parce qu'elle serait sans dignité.

La France ne pouvait manquer à cette condition première de sa grandeur et de son prestige devant le monde. Quand elle a voulu se reconquérir dans sa souveraineté, elle a senti qu'elle devait avant tout se reconquérir dans sa dignité. Après ses dix-huit années d'abandon d'elle-même, son premier acte devait être de venger le droit violé. Responsable par son attitude et ses votes, sinon directement complice, elle devait la première réparation.

Voilà, à son point culminant, le caractère de l'élection de 1869. On l'a, je le répète, justement nommée la revendication irréconciliable : à Paris d'abord; mais aussi bien dans les provinces qu'à Paris. Partout les signes de ce réveil moral sont manifestes. Qu'on n'en doute pas, à mesure que les départements renaîtront à la vie publique, le mouvement électoral s'y fera, en s'accentuant toujours davantage, sous cette idée de justice réparatrice.

LES ÉLECTIONS A PARIS

CHAPITRE II

LES ÉLECTIONS A PARIS

I

La réalité répond-elle à mon affirmation?

D'abord à Paris?

Le premier et le second tour de scrutin se contre-disent-ils?

Non, quant au caractère moral de l'élection. Sur tous les noms acclamés la protestation est la même.

Parce que le nom qui représentait le plus vive-ment ce caractère, après avoir été mis en avant par un grand nombre, comme si autour de ce nom de-vaient se concentrer tout l'intérêt et toute la moralité de la lutte, n'a pas obtenu la minorité la plus consi-dérable au premier tour de scrutin, et qu'au deuxième tour le nom de M. Jules Favre l'a emporté, soutenu par le vœu d'une grande partie de la jeunesse des écoles, faut-il y voir une preuve que la majorité pa-risienne a entendu écarter ce caractère de vindicte publique, ou du moins en atténuer l'expression? Je ne le pense pas.

Les nobles paroles de M. Jules Favre, dans sa lettre à M. Peyrat, le prouvent. S'il a persévéré, au second tour, parce qu'il était convaincu que le mouvement qui soutenait son compétiteur *dépassait le but*, et qu'il croyait *le droit plus puissant que la colère*, on voit qu'il n'accomplissait pas ce devoir sans regret, car il sentait, dit-il, qu'en maintenant sa candidature, il *pouvait blesser des susceptibilités qu'il aurait été heureux de ménager*, *et qu'aux yeux de beaucoup il paraissait contrarier* UNE ÉNERGIQUE PROTESTATION. Puis il ajoute ces paroles bien dignes d'une grande âme : « En accueillant le vote de la majorité, comme une force, comme une espérance, j'accepte *comme un enseignement salutaire* le sentiment de la minorité que j'ai combattue; il m'impose un devoir que je m'efforcerai de remplir, celui d'être, à la mesure de mes forces, *l'interprète des aspirations dont il se dégage*[1]. »

L'enseignement que contient le mouvement d'ensemble des élections parisiennes, c'est que certaines modérations de langage et certaine attitude générale de l'illustre orateur avaient pu faire supposer — bien à tort assurément — qu'il ne gardait pas suffisamment en son âme l'éternelle douleur du droit violé et l'irréconciliable revendication. Toute parole, qui n'était pas cette revendication suprême, était pres-

_____

1. Lettre du 7 juin 1869, de M. Jules Favre à M. Peyrat.

que considérée comme une trahison. On eût dit que
la cons ience publique attendait, impatiente. le mot
décisif qui mît le fer sur la p'a e morale. Jusque-là
tout semblait superfic el, n'allant pas droit au but,
éludant le point grave de la situation, écartant la
seule parole qui pût exprimer clairement le caractère
profond du conflit entre le pouvoir et la nation.

II

Cette parole, M. Rochefort la fit entendre. Elle
était bien la parole vengeresse de la conscience publique; quand cette œuvre apparut. loin de la période électorale, elle fut acclamée par toute la France
indépendante, parce qu' lle était une flagellation et
une flagellation implacable.

Le peuple français est le plus attique des peuples,
et le plus parlementaire par ses instincts sociables
et délicats. Mais il a aussi de vigoureuses indignations, et ce qu'il supporte avec le moins de résigna-
tion, c'est d'être mystifié et dupé. Alors ses habitudes d'atticisme ne l'inquiètent guère. Ses colères
éclatent en imprécations.

Il a, de plus, le don d'être vif et simple dans ses
impressions. Autant il a le sentiment des nuances
dans les choses ordinaires de sa sociabilité, autant il
est prompt, sûr et lucide, quand il s'agit de percevoir et de juger le sens d'une situation politique ex-

cepiionnelle. Quiconque alors lui dit le mot de sa
pensée intime, il l'acclame. Peu lui importe de
quelles lèvres le mot parte, peu lui importe l'alliage
qui entoure l'idée mère, pourvu que cette idée se dégage, nette, saisissante ; et, si c'est un châtiment que
réclame sa justice, peu lui importe quelles mains
tiennent le fouet, pourvu qu'il frappe fort et juste.

L'auteur de la *Lanterne* était inconnu la veille. Au
premier mot, il devint l'homme du moment.

Une œuvre de ce genre, à ce diapason, comme
œuvre permanente, serait impossible en France. Venue à son heure, elle a été le cri d'indignation et de
protestation de tout un peuple. Ce peuple sentait
bien qu'il avait sa part méritée dans cet acte de justice vengeresse. Mais il montrait que la rougeur lui
montait au front et qu'il voulait se reconquérir moralement.

III

C'est ce même sentiment qui a fait la candidature
de M. Rochefort, comme il a fait celle de M. Bancel et celle de M. Gambetta. Si grave qu'il fût de
faire traduire ce sentiment par le suffrage universel,
c'est-à-dire d'appeler la nation à flageller solennellement l'acte initial du régime et les pratiques gouvernementales qui en ont été la suite, ce n'était pas encore
une déclaration de guerre proprement dite. Ainsi

que nous l'avons déjà fait remarquer, ce n'était pas un acte révolutionnaire.

Que la pensée révolutionnaire, dans l'esprit de quelques-uns, et un peu dans la situation, ne fût pas séparée du verdict accusateur, c'est possible; et, au premier moment, l'opinion indépendante s'inquiétait peu de cette conséquence logique. On ne songeait qu'à une chose : protester; et il y avait peu de consciences vivement émues qui n'eussent vu avec satisfaction la protestation prendre son caractère le plus vif et le plus implacable.

Mais la réflexion est venue; la majorité a pensé que le caractère de réparation morale avait été suffisamment accentué par les nominations du premier tour. Les derniers manifestes de M. Rochefort donnaient plus que jamais à sa candidature l'accent très-marqué d'une déclaration de guerre. La majorité n'a pas voulu le suivre jusque-là. Le nommer, ce n'eût pas été seulement flétrir, condamner de la façon la plus caractérisée le crime de décembre et les pratiques du régime depuis son origine, ainsi que cela a été fait, du reste, je le répète, par la nomination de M. Gambetta, de M. Bancel et de beaucoup d'autres, c'eût été introduire la révolution dans la Chambre. Le premier acte de l'élu, dans ces conditions, eût dû être, non-seulement la mise en accusation du chef de l'État, mais l'appel aux armes.

Or, quel que pût être au fond le sentiment de Paris, il a trop la conscience des réalités et des possi-

bilités pratiques, pour charger un homme, par un
vo'e r'gulier, de l'insu'ger contre le gouvernement.
Ce n'est pas ainsi que s' passent les choses. Les in-
surrections sortent d'une situa'ion, sans votes préa-
lables. Il se ai' aussi maladroit que puéril d'en vouloir faire, dans une élection, l'objet d'un mandat
impératif.

IV

Le peuple de Paris a voulu que le vote de 1869
ne laissât aucun doute sur sa volonté formelle, implacable, de châtier le crime de décembre, et il l'a fait
par la généralité de ses choix.

Il a voulu que ce vote fût la condamnation absolue, indignée et décisive du gouvernement personnel
et arbitraire; et il l'a fait non moins résolûment.

Son vote, sous ce double rapport, ne laisse rien à
désirer.

Mais, quant aux suites de ce verdict souverain;
quant au mode suivant lequel se réalisera la pleine
satisfaction de ce besoin de redressement moral dans
le pays, et le fonctionnement sincère, complet, absolu, de la souveraineté na ionale, Paris a voulu
laisser là un point d'interrogation, *accompagné d'un
vœu pacifique,* se confiant au patriotisme de ses représentants, et attendant que la France, dans les dé-

partements, se soit mise au niveau de ses grandes et généreuses aspirations.

Pour préciser plus encore, si c'est possible, en nous résumant, le sens de l'élection générale et définitive de Paris, nous disons, au risque de nous répéter :

Dans le second comme dans le premier tour de scrutin, malgré l'ex lusion du nom de M. Rochefort, le jugement porté sur l'origine et sur les pratiques constantes du régime, demeure; l'affirmation du droit souverain de la nation, demeure; la condamnation du gouvernement personnel, demeure; la volonté de rendre au suffrage universel sa liberté et sa sincérité, demeure; la volonté d'en finir avec les candidatures officielles, demeure; la volonté du pays de rester maître de ses destinées, maître en toutes choses, entendez-vous, et de régler ces destinées par les représentants qu'il se choisit, demeure; ainsi que l'affirmation qu'il ne souffrira plus que qui ce soit lui confisque son droit ou en paralyse l'exercice.

Il lui a convenu d'ajouter, et c'est là la nuance de l'élection, que Paris veut essayer d'arriver à son but de se reconquérir pleinement, par les voies pacifiques; donnant ainsi au monde le plus grand, le plus bel exemple de la modération dans la force et de la patience magnanime dans ses plus légitimes et ses plus ardentes aspirations.

L'illustre orateur en qui elle a affirmé ces choses, les a noblement comprises et exprimées; et les peuples de l'Europe ont été saisis d'admiration devant

cette attitude de la France, au moment où l'on pouvait craindre que son réveil n'éclatât en colères, et
que son vote ne fût le signal d'une sanglante revendication.

V

La France pacifique atteindra-t-elle son but? Par-
viendra-t-elle à se reconquérir pleinement et à se
rendre complétement maîtresse de ses destinées,
sans être obligée de recourir au moyen suprême que
tout honnête homme a tant à cœur d'éviter?

Je n'ai pas à traiter cette question, n'étant point
prophète. Il me suffit d'avoir caractérisé la situation.
Il est clair que je n'ai pas à prévoir la folie de ceux
qui commettraient le crime de se mettre à l'encontre
de ce mouvement de la France vers la résurrection,
pas plus que je ne serais responsable des conséquences qui suivraient inévitablement une pareille
folie.

Quoi qu'il en soit de l'avenir, le peuple de Paris
s'est montré un grand politique, et, il faut le dire,
un grand artiste. Dans l'ensemble de son œuvre
électorale, tout se trouve si complet, si mesuré, si
sagement ordonné; il y a si bien ménagé toutes les
nuances, tempérant avec tant d'à-propos, par son
second vote, ce qu'il pouvait y avoir de trop comminatoire dans le premier; tout enfin y est fondu dans

une si belle harmonie, que, sans y songer, il a fait une œuvre d'art admirable.

Cela me rappelle un mot de M. Billault, à propos du coup d'État : Le jour de l'attentat de décembre, un avocat bien connu au barreau de Paris, passait, en compagnie du futur champion de l'Empire, devant la proclamation qui annonçait et expliquait cette violation de la foi jurée. Les deux confrères s'arrêtèrent devant l'affiche, et le premier, surprenant un sourire de satisfaction sur le visage du futur ministre d'État : « Cela vous amuse ? lui demanda-t-il. — C'est beau, répond l'ex-défenseur du droit au travail. — Comment, c'est beau ! ! ! — Oui, au point de vue de l'art. »

Il est regrettable que M. Billault n'ait pas été témoin de la manifestation de Paris. Il eût vu que s'il y a un art pratiqué par les princes de Machiavel et admiré par les hommes sans foi ni fidélité politique, il y a un art, pratiqué par les peuples, où la grandeur est faite de sincérité, de dignité et de résolutions magnanimes.

En dehors, il n'y a que fausse grandeur.

VI

Aussi est-ce en vain que les conseillers les plus intelligents de l'Empire, alarmés des symptômes menaçants qui se montrent à l'horizon, crient au maître : « Faites grand, Sire, faites grand ! »

Il faut commencer par faire sincère ! Le peuple ne veut pas que vous fassiez grand sans lui. Ce qu'il veut, c'est être le vrai et le seul souverain ; il veut, non qu'on lui octroye, d'une main large ou d'une main parcimonieuse, des faveurs ou démocratiques ou sociales, mais qu'on le respecte et qu'on l'honore dans l'exercice de sa libre souveraineté ; sinon, toutes vos faveurs sont pour lui autant d'offenses et vos décrets octroyés autant d'outrages à sa majesté.

Je sais bien que vous êtes dans un grand embarras. Vous avez l'instinct qu'au point où nous en sommes, le pays ne vous saura nul gré des concessions libérales que vous lui pourriez faire, sachant qu'elles vous sont imposées par la force des choses. Je dis par la force des choses, c'est-à-dire par la volonté persistante et légalement manifestée du pays et l'évidence de son indomptable besoin de liberté et de dignité. Il faudra céder à cette pression, si convaincu que l'on soit « qu'un gouvernement qui se respecte ne doit céder ni à la *pression*, ni à l'entraînement, ni à l'émeute[1]. »

Mais, octroyées ou arrachées par le vœu public, vos concessions, je le répète, toucheront peu les cœurs. Quand il vous conviendra de donner l'ordre à vos agents de laisser les électeurs libres d'exprimer leur volonté par le vote, les citoyens ne pousseront

---

1. Lettre de l'empereur à M. de Mackau.

pas des cris de reconnaissance de ce que vous leur restituez un droit si élémentaire et dont c'était un grand crime de ne pas leur laisser l'exercice. Ces tardives restitutions ne pourront effacer de la mémoire du peuple le souvenir du mal que vous avez causé en faisant, pendant dix-huit ans, du suffrage universel un droit dérisoire.

Je le répète en y insistant, parce que le peuple, dans son vote définitif, a montré une préférence pour les moyens pacifiques, il n'entend pas moins être obéi. Plutôt que de laisser croire que par ses choix il a voulu atténuer sa revendication, il reviendrait, qu'on n'en doute pas, à M. Rochefort, dans la plus prochaine élection. N'est-ce pas ce qu'a pressenti le gouvernement? Ne pouvait-on le supposer quand fut suscité, si à propos, un certain procès qui semblait avoir pour but d'écarter le célèbre écrivain de l'arène électorale?

Quoi qu'il en soit, le pouvoir ne doit pas moins se tenir pour averti. Le pays veut être pacifique, mais à la condition que le suffrage universel soit respecté et ses vœux, quels qu'ils soient, sincèrement réalisés. En d'autres termes, le pays entend parler en maître au gouvernement, lui dicter sa volonté, au lieu de subir sa tutelle dictatoriale.

VII

Telle est la situation redoutable qui est faite à l'État; et ce n'est pas pour lui le moment, devant cette volonté péremptoire de l'opinion, de lui poser des conditions.

Que voulez-vous! il faut bien qu'il y ait une logique en ce monde et que cette logique ait ses sanctions. Ce qu'il y a de certain, c'est qu'on a manqué, en 1849, l'occasion d'acquérir la gloire la plus pure et la gloire la plus haute de l'histoire, et de placer un nom au-dessus de celui des Washington, tout en ouvrant pour la France l'ère de la plus large et de la plus féconde démocratie. Investi de la haute mission de présider la république et de faire fonctionner la constitution, employer le prodigieux prestige d'un grand nom et l'autorité incommensurable qui en résultait, pour tout pacifier en rassurant les intérêts, en faisant respecter tous les droits et réalisant l'ordre par la liberté, puis, le mandat expiré, montrant la France en pleine possession d'elle-même et ayant traversé avec calme la première épreuve d'un gouvernement libre, se retirer enveloppé dans la majesté de sa gloire incomparable.... quel rôle pour tenter un cœur fait de dignité et de noblesse !

Aujourd'hui, il n'est plus temps. Sans compter cette force des choses qui vous enlèvera le mérite de vos concessions, le pays n'a qu'une pensée : être son maître; faire lui-même ses affaires. Il a tellement souffert des pratiques du gouvernement personnel, que, maintenant, tout ce qui lui vient du pouvoir lui est suspect; les meilleures mesures, dès que l'initiative du pouvoir s'en mêle, il les tient pour funestes ; ce qu'il veut, c'est qu'on le gouverne le moins possible; ce qu'il veut, c'est être libre. Tout se résume pour lui dans la question de liberté.

VIII

C'est si bien dans la liberté qu'il met désormais sa souveraineté, que, dans ses revendications et dans ses démonstrations électorales, il relègue à un plan secondaire, même les plus graves de toutes les questions, dans la crainte qu'elles ne diminuent l'intérêt de sa revendication suprême.

On en a vu un exemple frappant dans le sort qu'ont eu les hommes qui ont voulu, récemment, porter le grand intérêt électoral sur les questions sociales.

On sait que ces questions ont été vivement agitées dans les réunions populaires qui se sont fondées en vertu de la nouvelle loi. On aurait pu croire que ces questions allaient absorber toutes les autres, et que, le moment de l'élection venu, elles s'imposeraient nécessairement et domineraient la situation.

A la veille de la période électorale, un groupe de socialistes aussi distingués par l'intelligence qu'honorables par le caractère, fit, dans les premiers jours d'avril 1869, à la démocratie militante, un appel solennel tendant à l'entraîner sur le terrain du socialisme. Rendez-vous était proposé dans une assemblée composée de l'élite du barreau, de la magistrature, du commerce, de l'industrie, du travail, des facultés de tout ordre, de la presse, du Corps législatif, du Sénat, du conseil d'État, etc., etc. Là, les soussignés s'engageaient à répondre à la sommation de faire connaître, *avec précision et sans réticence,* « *les mesures législatives* qui leur paraissent nécessaires et suffisantes pour accomplir ce qu'ils appellent la révolution sociale, » invitant leurs adversaires à venir discuter avec eux, devant cette assemblée, « les voies et moyens de la révolution sociale. »

Pour être juste et ne pas méconnaître les intentions libérales des auteurs de ce manifeste, il faut ajouter que ce parti socialiste posait ainsi le problème: « formuler un ensemble de mesures législatives telles que, la liberté du travail et la liberté des transactions restant sauves, l'égalité des conditions en résulte progressivement et promptement sans spoliation ni banqueroute. »

Il ne fut pas répondu à cet appel, et la majorité des électeurs parisiens a semblé approuver cette réserve par son vote.

IX

L'opposition a-t-elle eu tort de ne pas se laisser entraîner sur ce terrain? Est-ce une faute d'avoir écarté du débat électoral la question sociale?

Je ne le pense pas. Je vois là un trait de plus de la sagesse et du sens politique du peuple de Paris. Il n'a pas laissé compliquer mal à propos la situation qu'il voulait simplifier par le vote. Pour racheter les vingt années d'abandon, il fallait concentrer tout l'effort de l'acte électif sur cette idée nette, nous ne saurions assez le redire : frapper moralement un système inauguré par un acte criminel, appliqué par des pratiques non moins coupables. Mêler à cela des questions sociales, c'était s'égarer. Le gouvernement le sentait bien. Aussi n'eût-il pas mieux demandé que de voir ce dérivatif prendre des proportions considérables.

A tous les points de vue, le moment était mal choisi pour introduire cet élément dans la lutte. Personne, je le suppose, ne méconnaît, au sein de la démocratie parisienne, le puissant intérêt qui s'attache aux questions sociales sur le crédit, sur le travail, et sur l'un des moyens les plus importants de les résoudre : l'association ; et personne ne peut contester qu'il faudra que les écoles diverses mettent tout leur zèle à préparer les solutions les plus rationnelles et les plus équitables de ces problèmes, quand l'heure sera venue d'y porter tous les efforts de l'opinion. Mais, avant que la nation puisse songer à cette œuvre, il faut qu'elle commence par se reconquérir elle-même dans l'exercice de sa souveraineté et la pratique de toutes les libertés.

X

Si l'essor donné au mouvement social par la révolution de 1848 n'eût pas été violemment interrompu, il est à croire que de grands progrès seraient déjà accomplis. Dans cette importante question notamment de l'organisation du crédit et du travail par l'association libre, la France qui avait devancé l'Allemagne, ne se serait pas laissé si fort distancer par elle. Déjà de nombreuses expériences d'associations libres, à tous les points de vue et avec tous les genres de combinaisons, se faisaient, opérant par l'épreuve même le triage des choses applicables et des conceptions utopiques.

Le coup d'État suspendit presque entièrement cette féconde élaboration, en proscrivant les chefs et dispersant les membres des associations ouvrières. Il ne pouvait entrer dans l'esprit du régime nouveau de favoriser l'exercice et le développement de ces associations qui avaient une vie propre, indépendante de la direction du pouvoir. Rien ne pouvait avoir sa raison d'être qu'à la condition de ne subsister et fonctionner que sous le bon vouloir de l'État, et d'avoir reçu une bonne et forte réglementation légale. On ne supporta pas même que les simples sociétés d'assistance mutuelle, qui s'étaient créées sous le régime précédent et qui produisaient de si excellents fruits par leur fonctionnement libre, continuassent à se nommer leurs présidents.

Un pareil usage, il faut le reconnaître, s'il se fût perpétué, eût été fort irrévérencieux envers le Corps législatif. On ne pouvait d'ailleurs négliger ce moyen si commode de tenir ces sociétés sous la tutelle administrative. L'influence des présidents, à laquelle viendraient en aide quelques dons libéralement distribués en temps opportun, ne serait pas sans intérêt quand arriverait le moment des élections.

En sorte que, dans toutes ces questions d'assistance, de crédit mutuel, d'associations ouvrières, nous en sommes à reprendre les choses *ab ovo*. Ce qu'il importe, c'est de reconstituer l'esprit public sur ces questions, et vous ne le pourrez faire qu'en créant au sein des masses des habitudes de liberté dans tous les ordres; et vous ne créerez des habitudes de liberté qu'en rétablissant la première de toutes, la liberté dans le fonctionnement de la souveraineté par le suffrage universel.

Soulever ces questions sociales, à propos d'élections, quand le peuple en est encore à se reconquérir dans sa liberté la plus rudimentaire, c'est prendre le problème à l'envers. Une fois la conquête capitale faite et le pays mis en possession de toutes ses libertés, vous verrez quels progrès rapides feront tous les problèmes de l'ordre économique et social.

XI

Et j'ajoute que ce n'est que par la liberté qu'ils doivent légitimement se résoudre. C'est pourquoi, selon moi, c'était une faute de vouloir introduire ces questions dans la Chambre, quand nous vivons sous un régime où la tendance est de faire de toute chose un objet de gouvernement et d'administration. Quelles que fussent les réserves libérales des candidats socialistes, Paris, en les nommant, aurait craint d'avoir l'air de vouloir faire résoudre les questions sociales par voie autoritaire.

Si je ne me trompe, la tendance de l'opinion aujourd'hui, dans tous les ordres d'intérêts sociaux, est de chercher les solutions dans la liberté et par l'initiative individuelle, et non par l'intervention de l'État. Ces solutions ne doivent pas être l'œuvre de la loi, mais l'œuvre de l'activité et du groupement volontaire des forces personnelles. On en a assez des moyens gouvernementaux. C'est bien le moins que le régime personnel de l'empire nous ait à tout jamais guéris de la manie de nous faire gouverner.

Or, l'ardeur de quelques socialistes à se faire nommer pour porter les questions sociales au Corps législatif, semblait indiquer que leur intention était de légiférer en ces matières. Nous qui aimons mieux les procédés des Schulze-Delitzsch qui organisent et généralisent, dans tout un grand pays, le crédit populaire par le seul effort des activités individuelles, nous louons la population de Paris d'avoir compris d'instinct que, soulever ces questions à propos de la campagne électorale de 1869, c'était se tromper de moment, et jeter, dans cette lutte, un élément qui pouvait, en déroutant les esprits, fausser le sens de cette manifestation et faire manquer le but à atteindre.

Le but, indépendamment du caractère moral de l'élection, déjà surabondamment signalé, c'est de rendre la nation libre, c'est de la mettre en possession de toutes les libertés, de faire naître en elle le sentiment, le goût et la pratique de la liberté, et de les faire naître dans toutes les parties du corps social, à commencer par le groupe initial, la commune, au lieu de concentrer tout l'effort national et social dans une assemblée et de légiférer sur toute chose.

XII

Tout ce qui sera le fruit de la liberté et de l'initiative individuelle sera solide et fécond. Tout ce qui, en fait d'œuvre sociale, s'accomplira par voie de réglementation, sera superficiel et éphémère.

Vous auriez, je suppose, par révélation d'en haut, l a connaissance du mode le plus rationnel, le plus juste, le plus beau d'organisation économique et sociale ; les facultés humaines y seraient distribuées et mises en jeu, suivant les séries les plus ingénieusement graduées, et les besoins des divers ordres y trouveraient leur satisfaction la plus complète, je repousserais votre système avec horreur, si vous prétendiez me l'imposer autoritairement par voie de décision soit d'une majorité, soit d'une puissance gouvernementale quelconque.

C'est que, vous aurez beau admirablement définir chacune des aptitudes de l'homme, établir la légitimité de chacun de ses besoins et le caractère impérieux de chacun de ses droits, il y a en l'homme quelque chose qui prime tout, qui est supposé par tout le reste, quelque chose d'essentiel et d'irréductible, c'est la liberté ; et que tout échafaudage, si scientifiquement établi que vous le voudrez, mais établi sur une autre base que la liberté, est caduc de soi et ne peut se soutenir.

Mais cette digression sur un problème qui exigerait des volumes nous éloigne de notre sujet : faire ressortir l'idée dominante de l'élection.

Je l'ai fait pour Paris. J'ai à le faire pour la province.

LES ÉLECTIONS EN PROVINCE

CHAPITRE III

LES ÉLECTIONS EN PROVINCE

I

Les départements ont-ils voté dans le même esprit que Paris?

Oui, selon moi, dans l'ensemble et la physionomie générale du mouvement électoral, et malgré les nuances très-diverses qu'ont présentées les candidatures opposantes.

D'une voix unanime, le pays a entendu protester contre le gouvernement personnel et arbitraire. Protestation légale; affimation pacifique du droit national exercé librement et sincèrement par le suffrage universel; volonté d'accomplir désormais tous les progrès et toutes les transformations par le fonctionnement libre de la souveraineté nationale; mais, en même temps, satisfaction rendue à la justice inviolable dans la personne des vaincus de décembre; et à ce point de vue moral, l'élection prenant, dans les départements comme à Paris, le caractère d'une revendication irréconciliable : tel est, dans sa haute portée, l'esprit qui a dominé le réveil de la France indépendante[1].

S'il s'agissait de présenter un tableau d'ensemble, complet et détaillé, des élections dans les départements, les éléments de ce travail nous feraient défaut, tant que les pouvoirs des élus n'ont pas été vérifiés par la Chambre.

Mais, pour saisir les traits communs de cette campagne électorale et en marquer la physionomie générale, la notoriété publique suffit. Sous ce rapport, il est infiniment regrettable que l'opposition n'ait pas fait entendre, au début même de la vérification des pouvoirs, sa protestation unanime et indignée.

C'est à ce moment qu'il fallait engager la lutte. La pression administrative s'était exercée sur tous les points avec un tel concert de moyens systématiques, que chaque député, venant signaler les faits relatifs à son département, pouvait témoigner pour toute la France.

Faire deux catégories des élections, les unes contestées, les autres non contestées, suivant qu'elles étaient ou non l'objet de protestations en règle, laissant les secondes passer sans discussions, c'était commettre une faute grave. La candidature officielle ayant été partout pratiquée comme un principe, la protestation devait être simple, unique, radicale.

1. Voir à l'Appendice ma circulaire aux électeurs.

L'opinion publique, dans chaque département, a été péniblement impressionnée, et, on peut le dire, choquée, de voir un si grand nombre d'élections passer sans observation, avec l'étiquette de *non contestées*.

Tout le monde sait que l'effet le plus déplorable de ce long régime de pression administrative, c'est de tenir les populations muettes et tremblantes devant les fonctionnaires du gouvernement. Les mêmes causes qui les empêchent d'émettre un vote indépendant, les empêchent de protester contre les actes de pression, après le vote. En sorte qu'on peut affirmer que les colléges les plus autocratiquement traités sont ceux où il est le plus difficile de recueillir des témoignages contre les oppresseurs et corrupteurs.

Il y a tel département, où les actes d'arbitraire, de violence et de corruption fourmillent, où chaque électeur est un témoin, et où il n'a pu s'établir un ensemble de documents ayant quelque importance. Cela s'est vu surtout dans les circonscriptions où l'opposition est si peu organisée, que chefs et soldats se débandent dès le lendemain de la lutte.

Voilà pourquoi, au lieu d'accepter un regrettable triage et de renvoyer la discussion sur les candidatures officielles à la fin de la vérification des pouvoirs, il fallait ouvrir le débat, sans distinction et sans délai. La notoriété publique, nous le répétons, fournissait, en dehors de tout dossier particulier, une base suffisante à ce grand procès.

II

Il y avait un moyen naturellement indiqué, le seul héroïque et efficace — non de faire la lumière sur tout cet ensemble de manœuvres officielles, car chacun, en France, est édifié à ce sujet — mais d'arriver à des constatations officielles, éclatantes; ce moyen, c'était une enquête parlementaire générale.

Sans doute, l'entreprise serait énorme; mais il vaudrait la peine de la tenter, en raison de l'importance du résultat qu'elle pourrait produire. Il y a lieu de penser que bien des gens qui n'oseraient pas, spontanément, signaler des actes graves qui leur sont personnels et prendre l'initiative d'une protestation publique, n'hésiteraient pas à parler devant une commission parlementaire.

Il faut convenir, toutefois, qu'on ne pourrait, sans injustice, reprocher à l'opposition de n'avoir point demandé, au début, cette enquête générale, car il était de toute évidence qu'à aucun prix la majorité sortie du scrutin ne consentirait à mettre ainsi solennellement en doute la légitimité et la pureté de son origine.

Mais, tout au moins, l'opposition, après avoir indiqué, en y insistant, le moyen radical de l'enquête générale, devait-elle tâcher de faire élargir le plus possible le champ des enquêtes partielles. A défaut de l'enquête générale, il fallait ne pas s'en tenir, pour admettre l'utilité et la convenance des enquêtes partielles, aux seuls cas où des pièces authentiques et nombreuses certifiaient des faits condamnables. La protestation de quelques citoyens honorables, signalant la nécessité d'une enquête, devait suffire.

Si l'opposition avait pris, dès le début, cette attitude, il n'est pas douteux qu'elle n'eût provoqué des protestations en bien plus grand nombre. Que d'actes graves, parfaitement certains pour ceux qui les avaient recueillis, sont restés dans leurs mains, parce qu'ils ne leur semblaient pas former un dossier propre à répondre aux exigences du Corps législatif ! Avec une jurisprudence plus large, ces manifestations auraient amplement suffi pour servir de point de départ et de base à une enquête parlementaire [1].

1. Dans la seconde circonscription de l'Ariége, à défaut d'un dossier complet, que l'état moral des populations n'avait pas permis de former, quelques faits, graves et incontestés, firent l'objet d'un mémoire collectif, qu'accompagnaient les réflexions suivantes : « Les faits ci-dessus exposés ne sont cités que comme exemple ; ils seraient innombrables, s'il fallait rapporter tous ceux du même genre que signale la notoriété publique. Nous ne dissimulons pas qu'il est extrêmement difficile d'en recueillir la preuve authentique par la déclaration spontanée des témoins. Le même sentiment de crainte qui met le malheureux électeur des campagnes à la merci des autorités locales, au moment du vote, lui ferme la bouche le lendemain. Rien ne rend plus manifeste et plus odieux le système des candidatures officielles appliqué par la pression administrative, que cet état des populations rurales, généralement indignées des moyens mis en œuvre pour empêcher la liberté et la sincé-

Du reste, nous l'avons dit, ni une enquête générale, ni le résultat des enquêtes partielles ne nous
sont nécessaires pour le but que nous nous sommes
proposé dans cet écrit. Le débat qui va s'ouvrir au
sujet de la vérification des pouvoirs ne pourra rien
ajouter aux traits caractéristiques mis en pleine
évidence par la notoriété publique.

Pour tout esprit non prévenu, c'est au point de
vue d'un réveil moral, d'une revendication pacifique, mais irréconciliable, du droit violé, que, partout, l'opposition démocratique a fait appel au patriotisme des populations. Et partout le sentiment
public y a répondu. Mais, dans les communes rurales, ce sentiment public se manifestait plus particulièrement par l'horreur de la candidature officielle;
car c'est par là surtout que les populations des campagnes, à la merci des agents du pouvoir, sentent le

rité du scrutin, mais forcées de rester muettes sous la menace
de procès-verbaux, qui seraient leur ruine, et de vexations
quotidiennes de toute nature. C'est pourquoi nous demandons
une enquête parlementaire, seul moyen de faire la lumière sur
ces manœuvres aussi coupables que désastreuses, car elles
tendent à pervertir et démoraliser la conscience publique. Il
est urgent d'y mettre un terme. Nous espérons, qu'interrogés
en vertu de la haute autorité du Corps législatif, ceux-là mêmes, qui n'auraient point osé prendre l'initiative de la plainte,
se feront un devoir de dire la vérité. Nous supplions donc avec
instance messieurs les Députés de faire droit à notre demande. »
— Je croyais que cette protestation avait été expédiée en temps
utile ; j'ai appris plus tard, avec regret, que les signataires, en
définitive, n'avaient pu se résoudre à l'envoyer, la jugeant insuffisante et par le nombre des griefs articulés, et par le caractère des preuves offertes.

poids intolérable du gouvernement personnel et arbitraire.

III

Tout le système d'administration du département,
de l'arrondissement, du canton et de la commune,
depuis le premier jour de l'année jusqu'au dernier,
n'a qu'un objet : préparer l'élection des députés.
Tout emploi donné, du plus petit au plus grand,
toute création de travaux publics, toute faveur accor-
dée, tout argent distribué en secours de tout genre,
n'ont qu'un but : assurer le succès de la candidature officielle.

C'est vers ce but qu'est incessamment tendu l'esprit des chefs d'administration, et sous leur regard
vigilant, les maires, gardes champêtres, gardes forestiers, gendarmes, petits agents de tout ordre font
sentir aux populations qu'elles n'ont qu'à se bien
tenir, et on sait ce que cela signifie, si elles veulent
éviter les vexations de toute nature.

Et quand approche le moment de l'élection, il faut
voir l'effroyable fonctionnement de cette machine à
pression, si artificieusement préparée, et mise en
mouvement avec un cynisme à confondre toute morale ! Et il se trouve en France, dans notre France
de 89, dans un pays qui se dit chrétien, toute une
immense armée de fonctionnaires qui se prête à ap-

pliquer un pareil système, et des candidats qui, sans rougir, consentent à en bénéficier!

Y a-t-il donc deux morales en ce monde, l'une pour la vie publique et l'autre pour la vie privée? Et ne craignez-vous pas, par vos procédés iniques, de pervertir le sens moral à sa racine? Dans cette action oppressive et corruptrice, n'y a-t-il pas péril et pour l'agent et pour sa victime? Pour l'agent surtout. Comment les sources de la probité privée resteront-elles intactes, quand on fait métier, en politique, d'asservir les âmes en les avilissant?

Je ne veux pas être injuste; je sais qu'heureusement la logique n'est pas toujours dans les œuvres humaines; je sais que beaucoup d'entre vous, fonctionnaires de ce régime, qui en exécutez les pratiques avec un zèle coupable, vous restez, dans vos affaires privées, des hommes pleins d'honneur et de probité; je sais que, sous aucun prétexte, ayant à conclure un marché avec l'un de vos administrés, vous ne profiteriez de l'ascendant de votre position pour lui arracher un consentement qu'il ne voudrait pas donner s'il était indépendant, et le dépouiller d'un droit qu'il garderait avec joie s'il était libre. Eh bien, comment votre conscience ne vous dit-elle pas que c'est un égal crime d'abuser de votre pouvoir, de votre crédit pour imposer un vote à ceux que vous tenez sous votre dépendance morale? Faire mentir le suffrage universel, n'est-ce pas une monstrueuse iniquité?

Ne me démentez pas. Ce que j'affirme, je le sais;

tout le pays le sait avec moi. N'alléguez pas le résultat du scrutin ; n'alléguez pas les majorités qui acclament vos candidats. Ce n'est pas la conscience publique qui a parlé par ce vote; il a le masque que vous lui avez imposé. Vous le savez mieux que moi, vous tous, préfets, sous-préfets, agents de tout rang et de tout grade. Pas un seul de vous, au moins dans mon département, n'oserait, me regardant en face, ses yeux dans les miens, me dire que les choses ne sont pas comme je les dénonce.

IV

Nous savons très-bien que tous les fonctionnaires n'ont pas les mêmes formes de langage et n'usent pas de procédés identiques; qu'il y a des nuances dans les voies et moyens ; que, suivant les caractères, les procédés des uns revêtent certaines formes de dignité, quand d'autres prennent une attitude plus brutale. Nous savons ce qu'un homme bien élevé se doit à lui-même et doit aux autres en toute circonstance, et nous savons aussi que les airs de bonhomie produisent tout aussi bien leur effet que les brusques et impérieuses paroles ; et nous connaissons enfin le soin que vous prenez, dans vos actes officiels et vos circulaires, de donner à vos instructions le ton du conseil plutôt que celui de l'injonction comminatoire.

Mais il ne s'agit pas de l'apparence, il s'agit de la réalité. Ce qui est certain, c'est que ces instructions sont tenues pour des ordres, c'est que pas un agent ne vous quitte sans que vous vous soyez arrangés de manière à lui faire bien clairement comprendre qu'on a les yeux sur lui et qu'il y va de sa fonction s'il ne déploie pas tout son zèle ; ce qui est certain, c'est que, lorsqu'il se trouve exceptionnellement quelque chef d'administration spéciale qui, par un reste de fierté ou d'équité, laisse ses agents libres, vous, les chefs de l'administration proprement dite, vous vous hâtez de rappeler leurs devoirs à ces agents ; et ces malheureux, dont le pain est en cause, savent ce que cela veut dire.

Ce que cela veut dire, c'est que chacun doit peser de toute l'influence de ses fonctions sur ses administrés ; ce que cela veut dire, dans nos pauvres montagnes, c'est que les gardes, appuyés des maires, suspendront sur les populations la menace des procès-verbaux, qui sont la ruine absolue des familles.

V

Voilà la vérité, que nul d'entre vous n'osera démentir. Et cette vérité, pour qui voit les choses de près, est une vérité lamentable. N'est-il pas navrant de voir de pauvres agents obligés de refouler leurs préférences et de déployer tout leur zèle en faveur de candidats qu'ils détestent? N'est-il pas plus désolant encore de voir les auteurs de ces actes de pression, foulant aux pieds les lois les plus élémentaires de la conscience avec la même tranquillité d'âme que s'ils accomplissaient un devoir? Quelle preuve plus effrayante des effets désastreux d'un long régime de compression et de corruption, que cette oblitération du sens moral chez des hommes parmi lesquels chacun de nous peut compter de vieux camarades, des parents, que tant d'autres motifs nous avaient appris à estimer et à aimer!

Vous tous, sans amertume, mais la douleur dans l'âme, je vous prends à témoins : l'ensemble des moyens qui constituent pour vous une campagne électorale, n'est-il pas le résumé de tout ce que peut inventer le génie des Machiavel au petit pied, et ne mettez-vous pas ces moyens en œuvre sans le moindre scrupule, n'ayant qu'un souci, celui de battre vos adversaires, et jouissant de leur défaite sans l'ombre d'un remords!

Vous savez pourtant jusqu'où sont poussées les manœuvres destinées à envelopper le pays dans un réseau qui ne laisse pas échapper un seul vote aux yeux toujours ouverts de vos argus; vous savez qu'indépendamment des moyens de pression par vos menaces et de corruption par vos dons ou promesses, le moment venu, vous lancez vos légions d'agents obligés ou d'auxiliaires officieux, attachés comme une meute aux pas de l'électeur qu'il ne faut pas laisser une minute à lui-même, le poursuivant sans relâche jus-

que dans les escaliers des mairies et même dans la
salle du scrutin, lui remettant là le bon billet à la
place du mauvais, l'accompagnant des yeux et du geste
jusqu'au moment où le vrai bulletin est passé, des
mains du maire, dans l'urne ; vous savez que, crai-
gnant que ces précautions ne suffisent pas encore et
que la vigilance et la fermeté de quelques hommes
indépendants, dans les villes, ne neutralisent un peu
cette pression ou plutôt cette obsession des dernières
heures, vous avez un moyen fort commode de violer
le secret du vote en employant un papier transparent ;
que, lorsque l'électeur a tâché de le plier de façon à
dissimuler son suffrage le plus possible, vos maires ne
se gênent guère pour le déplier en partie, juste assez
pour lire, à travers, le nom du candidat, sous prétexte, bien entendu, de s'assurer qu'il n'y a qu'un
bulletin au lieu de deux ; si bien que, dans un grand
nombre de colléges, même dans des chefs-lieux d'arrondissement, des électeurs se comptant quelquefois
par centaines, devant ce parti pris de violer le secret
du vote, se sont abstenus de voter.

Vous savez tout cela et tant d'autres procédés du
même genre. Quels noms donnez-vous à ces actes, si
ce n'est pas abus de pouvoir, violence et déloyauté ?

VI

Quelles sont mes preuves, me demanderez-vous ?
La voix unanime du pays, y compris la vôtre, car, je
le répète, pas un de vous n'osera me démentir en
face.

Nous rencontrons bien, çà et là, dans les villes,
quelques notables qui, prenant des airs innocents,
s'exclament : « Comment , notre sous-préfet , un
homme si courtois et si affable, un administrateur si
paternel, le supposer capable de donner des ordres
pareils à de pauvres agents ! Notre maire, si bon-
homme au fond, si inoffensif et si débonnaire, capable d'exercer une pareille pression ! C'est impossible ; leurs physionomies ne peuvent être si trom-
peuses, pas plus que les cordiales poignées de mains
que nous recevons d'eux chaque jour. »

Rassurez-vous, messieurs, le tout s'est pratiqué
avec des manières irréprochables, et vous pourrez en
toute quiétude, si c'est là votre souci, continuer vos
rapports de société avec ces administrateurs modèles.

Mais plutôt, laissons ces semblants de puritanisme
incrédule qui ne trompent personne , pas même
vous, et appelons les choses par leur nom, car il
s'agit d'intérêts trop graves pour qu'il soit permis de
farder les indignités qui se commettent sous un ver-
nis de bon ton et de réserve hypocrite. Libre à vous

4

de rester neutres dans ces grandes luttes électorales ;
vous seuls êtes juges des motifs qui nous retiennent
sur la rive ; mais, de grâce, abstenez-vous de ces
étonnements, trop naïfs de la part de gens aussi
sensés et expérimentés que vous l'êtes, surtout devant les hommes qui ont voué leur vie à dire tout
haut ce qu'ils pensent, afin de rendre au pays liberté
et dignité.

Vous savez aussi bien que moi et mieux que moi
qu'on se fait un jeu de ces saintes choses, que l'oppression tient les populations muettes, et qu'à la
manière dont le suffrage universel est pratiqué, il
n'est même plus toujours une supercherie, car on ne
prend guère la peine de dissimuler, mais un mensonge manifeste. Il est de notoriété publique que le
résultat sorti de l'urne n'exprime en aucune façon la
pensée libre et sincère du pays.

VII

Mais vous allez me dire : « A ce compte, vous vou-
driez donc faire croire que votre pays est composé
de lâches ? »

Il faut s'entendre ici, et ne pas ajouter la dérision
à l'oppression.

Vous tous qui, dans les campagnes et même dans
les petits centres de population, disposez du crédit,
du travail, des faveurs de toute sorte et même du

pain de la masse de vos administrés ou de vos subordonnés, vous pouvez parler à votre aise d'indépendance et de dignité, et, sans trop de dureté, nous pourrions vous rappeler ces sentiments quand vous les sacrifiez à vos intérêts ; mais, les derniers, vous avez le droit de jeter la pierre à ceux que vous tenez sous votre dépendance morale.

J'ai vu ces malheureuses populations des campagnes, dans leurs demeures, sans air, sans soleil, sans bois pour se chauffer. Aucun autre sentiment que celui d'une compassion profonde n'atteignait mon âme, en présence de ces pauvres pères de famille dont l'unique préoccupation était de se soustraire au ressentiment des maires et des gardes forestiers ou champêtres. Mon indignation, je la tournais vers les hommes sans cœur et sans conscience qui abusent de leur autorité sur ces populations deshéritées et sans défense.

Et quand, sous ces haillons et sous ce chaume, je voyais quelques fières âmes se redresser et marcher au scrutin le front haut, sans souci des représailles et des vengeances, avec quel respect je saluais cette indépendance héroïque et cette sainte abnégation !

Oui, indépendance héroïque, car on ne saura jamais l'effort moral que suppose un pareil acte, dans de telles conditions. Que de motifs d'indulgence envers ces hommes dénués et illettrés, s'ils avaient failli !

Il en faut dire autant d'une partie de nos populations ouvrières dans la plupart de nos petits centres.

A moins que quelques luttes antérieures ne les aient déjà un peu habituées à la vie et à l'action collectives, à combien de moyens de pression les ouvriers ne sont-ils pas soumis, et quelles représailles n'ont-ils pas à redouter, s'ils se permettent de faire acte d'indépendance ! Cependant cette dernière épreuve n'aura pas été sans profit ; en leur faisant sentir l'humiliation de leur rôle, elle leur a fait comprendre que ce qui leur manque, c'est de savoir se concerter entre eux et se soutenir les uns les autres. Déjà s'opère parmi eux une réaction visible. Combien n'avons-nous pas vu de ces électeurs, victimes d'une surprise ou d'une pression trop directe, soit dans les villes, soit dans les campagnes, pleurer de confusion d'avoir dû céder à la contrainte ! Il faut espérer que les épreuves futures les trouveront mieux préparés et plus forts.

VIII

Mais que dire des électeurs lettrés et de position relativement élevée, dans les villes, qui se sont laissé intimider par les fonctionnaires ou séduire par leurs faveurs? que dire de l'égoïste inertie des premiers et du concours intéressé des autres ? Je voudrais que cet appel leur fît honte. Oui certes, la vie du citoyen indépendant et incorruptible n'est pas sans épines ; on y a moins de chances d'augmenter l'ai-

sance de sa maison ; oui, il est plus commode d'ouvrir des carrières sûres à ses enfants en leur ména-
geant l'appui et les faveurs du pouvoir. Mais il y a
un autre patrimoine à leur léguer, celui de la fierté
d'âme, de l'indépendance, de la fidélité aux principes, même au prix de quelques sacrifices.

Je sais hélas! qu'il est des âmes naturellement
basses, étrangères à toute idée d'intérêt public, des
âmes naturellement vénales, toujours prêtes à se
livrer au plus offrant.

Celles-là vont aux choses fangeuses comme l'ani-
mal immonde va au bourbier. Ce n'est pas à elles
que je m'adresse; je sais d'avance qu'elles souriraient
à mon appel.

Mais il en est d'autres, foncièrement honnêtes,
qui souffrent de leur défaillance et rougissent de se
sentir amoindries par leurs concessions. Un autre
milieu, en les trempant dans les habitudes de la vie
civique, les eût mises hors d'atteinte des funestes
séductions. Découragées, puis amollies par le silence
prolongé de l'opinion publique et par les pratiques
du gouvernement personnel et arbitraire, elles ont
manqué du ressort nécessaire pour repousser, au moment de l'élection, toute faveur comme une offense.
J'ai vu des hommes, longtemps indépendants, et
vers lesquels se tenaient tournés avec confiance les
regards de tous ceux qui attendaient le réveil, et qui
s'étaient laissé lier les mains par des faveurs récentes
ou par des promesses. L'intérêt l'emportait, mais
on sentait en eux un douloureux déchirement. Quand

nous nous sommes retrouvés en présence, leur attitude, dans l'échange silencieux de nos sentiments,
accusait un tel remords et un telle souffrance morale,
que je m'éloignais, sans la moindre amertume contre
ces pauvres vieux camarades, mais navré de voir les
funestes effets d'un régime de compression et de corruption sur les meilleures natures.

IX

A côté de ces déceptions, il y a eu des consolations
ineffables.

Partout, je puis le dire, pour réveiller l'opinion
publique, il n'a fallu s'adresser qu'aux bons et nobles
sentiments. Assurément, c'est par les plus petits
côtés, ceux qui touchent à leurs intérêts matériels,
que les populations rurales, surtout dans nos pauvres montagnes, sentent les conséquences du régime
personnel et arbitraire. Il semblait que par là seulement on pût avoir prise sur elles. Quand je suis
venu, chacun me disait: Ayez soin d'exclure de vos
discours tout ce qui n'a pas trait à ces questions, les
seules qui nous intéressent. Parlez de la loi militaire,
parlez des impôts, parlez du sel, des forêts, etc., et
laissez de côté la liberté et la dignité du citoyen. Ces
nobles sentiments ne seraient compris de personne.

Persuadé qu'on méconnaissait et calomniait mes
compatriotes, c'est le contraire que j'ai fait. Dans

toutes nos réunions, devant les foules les moins let-
trées comme devant la bourgeoisie des villes, je me
suis fait un honneur de ne m'adresser qu'à la dignité des âmes. Oui, sans doute, il eût été facile, en
même temps que légitime, d'attaquer le régime personnel en déroulant le sombre tableau des effets matériels qu'il a produits. Mais j'aimais mieux relever
les cœurs en leur faisant honte de l'état d'abaissement moral où le système des candidatures officielles
avait fait descendre la conscience publique.

Partout ce langage était compris; partout il pro-
voquait les plus touchantes manifestations patriotiques. Il arrivera un temps, et ce temps est plus prochain qu'on ne pense, où les électeurs, même des
campagnes, quand ils sauront s'appuyer les uns sur
les autres comme ceux des villes, iront voter, bulletin déployé, commandant à tous le respect par leur
fière attitude.

X

Je l'avoue, j'avais à cœur, tandis que Paris faisait
de l'élection une protestation morale, une noble revendication, de donner le même caractère au réveil
du sentiment public dans mon département. C'est
pourquoi, je puis le dire, nous avons fait de notre
propagande une sorte d'apostolat. Que les vaillants
amis qui m'ont secondé reçoivent ici le témoignage

de ma profonde gratitude. Leur récompense, ils l'ont déjà. Qu'importe le résultat numérique du scrutin, quand ils savent que la conscience publique est avec eux et qu'ils l'ont conquise par le langage le plus digne, le plus désintéressé, le plus hautement démocratique!

Quelle immense joie n'était-ce pas, pour eux comme pour moi, lorsque, chaque jour, éclatait la preuve que c'était bien ainsi qu'il fallait parler aux masses! De quel sentiment de respect nous étions saisis devant ces foules naïves, généreuses, enthousiastes, nous accueillant avec des transports sympathiques, nous qui venions à elles, non, comme nos adversaires, les mains pleines de faveurs ou de promesses, mais avec deux seules paroles sur les lèvres: liberté et dignité!

Oh! saintes effusions fraternelles, où germent les généreuses pensées, où se forment les résolutions patriotiques, où s'épanouit tout ce qu'il y a de bon et de beau dans l'âme humaine, vous consolez des retards qu'apportent les intérêts égoïstes et les basses passions à la réalisation de la justice sur la terre; vous êtes la preuve vivante que rien, dans notre pays, n'éteindra le foyer des grandes aspirations.

XI

On se figurait que la France n'avait plus qu'un souci : jouir, faire ses affaires ; et qu'ainsi, avec l'armée veillant, Paris s'amusant dans ses rues élargies et illustrées par ses casernes, et la province laissant faire, le pouvoir césarien serait, à tout jamais et sans conteste, maître de la situation.

Mais voilà qu'un cri d'indignation s'est élevé du sein des masses profondes. La France de 89 vit, quand on la croyait morte.... et déja elle est debout ; debout, dans sa grandeur morale.

Que parle-t-on de décadence ? Que parle-t-on de bas empire ?

Paris reste la grande cité, virile, indépendante, fière jusqu'à la provocation.

Et nous qui avons mis la main sur le cœur des populations de province, nous avons l'orgueil d'affirmer que ce cœur bat pour les belles et grandes choses.

Oh ! oui, s'il était possible aux fonctionnaires publics de pétrir ces populations au gré de leurs vues étroites et de leurs manœuvres corruptrices, avec la complicité de tant de prêtres oublieux de leurs devoirs évangéliques, la France serait bientôt une nation tombée au dernier degré du bas empire. Mais il y a de grands courants d'idées et de sentiments patriotiques, que rien ne peut tarir, dans notre France de 89, cette France du dix-neuvième siècle, toujours se redressant malgré les surprises des Césars, toujours chrétienne malgré les défaillances des ministres de l'Évangile.

RÔLE DU CLERGÉ DANS LES ÉLECTIONS

CHAPITRE IV

ROLE DU CLERGÉ DANS LES ÉLECTIONS

I

A propos de la pression exercée par les fonctionnaires sur le vote, et de leurs manœuvres corruptrices, j'ai parlé de la complicité d'un grand nombre
de prêtres oublieux de leurs devoirs évangéliques.
Ce mot, je ne le retire pas ; il ne répond que trop à la
réalité.

Il est bon de s'expliquer sur ce point comme sur les
autres ; nous risquerions de laisser la conscience publique dans un grand trouble si, après ce mouvement
électoral où de graves scandales se sont étalés au
grand chagrin des cœurs droits et simples, les choses
de la vie ordinaire reprenaient leur cours sans qu'une
protestation indignée se fît entendre.

Je l'ai dit, une seule question était en cause, un
intérêt unique et capital : rendre au pays sa dignité
par la liberté et la sincérité du vote ; protester contre
tous les moyens d'influence violente et corruptrice.

5

Il semblait qu'en présence d'une question de dignité nationale, le clergé eût dû être le premier à relever les âmes ; ou tout au moins, s'il aimait mieux rester absolument en dehors des luttes politiques, ce dont nous l'eussions loué, cette sage réserve ne le dispensait point de rappeler aux citoyens que chacun, dans l'accomplissement de ses devoirs civiques, doit se préoccuper, non de son intérêt propre, mais de l'intérêt général.

Le clergé avait une excellente occasion de se relever aux yeux des populations. C'était assez que par les doctrines antilibérales des encycliques et des syllabus et par l'attitude des partis qui dominent aujourd'hui dans l'Église, il se fût constitué à l'état d'hostilité ouverte et permanente contre les tendances libérales du siècle. Du moins, lorsqu'il ne s'agissait que de l'honneur du pays, fallait-il laisser les hommes indépendants faire en paix leur œuvre réparatrice.

II

C'est le contraire qui est arrivé. Méconnaissant le grand intérêt moral de la situation, pour ne voir qu'une seule question au monde : la souveraineté temporelle du pape, le clergé s'est fait, jusque dans la chaire, le soutien des candidatures officielles.

C'est déjà une faute grave et un malheur public que d'habituer les citoyens, parce que ces citoyens sont catholiques, à tout sacrifier à une préoccupation unique : l'intérêt de leur société religieuse. Cela devient alors, au lieu du sentiment chrétien, l'esprit étroit de caste. Mais, dans tous les cas, faudrait-il garder, dans sa propagande, quelque justice envers les adversaires, ne pas égarer le jugement des fidèles, en leur persuadant par des manifestations officielles et surtout par des actes épiscopaux, que des questions purement temporelles engagent leur conscience, que quiconque ne résoud pas ces questions dans un certain sens est un ennemi de la religion.

Ces confusions et ces aberrations n'auraient pas lieu, si le clergé avait eu la sagesse de se placer, selon l'esprit moderne qui n'est que l'esprit chrétien, sur le vrai terrain de la liberté qui sépare les choses temporelles des choses spirituelles. Nous ne verrions pas alors des évêques intervenant mal à propos dans les questions politiques et sociales, et, pour servir les candidatures officielles, adressant aux candidats opposants des accusations injustes et suscitant contre eux des terreurs imaginaires [1].

Était-ce bien le moment de mêler leur voix à celles qui relevaient le spectre rouge? Et qu'avaient à faire avec les élections présentes les questions de religion, de famille, de propriété et de société? M. Coquille lui-même, dans un article où, afin d'en tirer un argument contre le suffrage universel, il signale

1. Voir notamment la lettre de Mgr Place, évêque de Marseille, à la date du 25 mai 1869.

que « ce qui va prédominer dans cette masse confuse de votants, ce sont des sentiments vagues, incomplets, » reconnaît du moins que la *religion*, la *famille*, la *propriété* seront étrangères au scrutin[1].

En regardant de plus près, M. Coquille aurait vu que ce qu'il prenait pour des sentiments vagues, incomplets, était tout simplement le réveil de la conscience nationale, et que du sein de cette masse confuse de votants s'élevait une idée aussi distincte que généreuse et unanime: la souveraineté du peuple à faire respecter; le suffrage universel à purifier.

Était-ce bien aux évêques à troubler les consciences en soulevant les grands problèmes qui touchent aux fondements des sociétés, quand une seule question était en jeu, une question d'honnêteté publique?

III

Non, il ne s'agissait pas de savoir si une forme politique vaut mieux qu'une autre, non plus si les combinaisons sociales présentes ne laissent rien à désirer, moins encore s'il faut une religion aux hommes et quelle est la meilleure, dernière question étrangère aux luttes politiques. Il s'agissait, je le répète, d'une question de probité politique; il s'agissait d'en finir avec la candidature officielle qui est en elle-

1. Voir *le Monde* du 22 mai 1869.

même une négation dérisoire de la souveraineté nationale et, par conséquent, un outrage à la conscience publique. Et que dire des moyens que le pouvoir met en œuvre pour imposer cette candidature officielle, moyens d'intimidation et de corruption?

Et vous vous faites les auxiliaires d'un pareil système, messeigneurs? Vous laissez vos prêtres se mêler à ces actes oppressifs et corrupteurs, quelques-uns jusqu'à prêcher dans les chaires et même à calomnier les candidats indépendants qui tâchent de rendre aux populations leur dignité et la sincérité de leur droit souverain? Et vous vous oubliez jusqu'à les attaquer vous-mêmes; vous présentez comme les ennemis de la religion, de la famille et de la propriété, les hommes de cœur qui protestent au nom de la conscience humaine outragée?

Oui, certes, la protestation de ces hommes est ardente et indignée; oui, elle demande à ceux qui nous gouvernent un compte sévère du passé et du présent; oui, elle veut que le vote soit un verdict, et un verdict de moralité publique. Et en quoi tout cela met-il la religion en cause, et la propriété, et la famille?

IV

Mais vous soupçonnez que, chez quelques-uns, il peut y avoir au fond de leur pensée quelque chose de plus que cette revendication morale, c'est-à-dire une inimitié secrète contre ce régime lui-même. Admettons que vous ne vous trompiez point ; en quoi cela regarde-t-il la famille et la propriété ? Et en quoi ce sentiment met-il la religion en cause et vous autorise-t-il à intervenir dans le débat en qualité d'évêques ou comme protecteurs des principes éternels des sociétés ? Voudriez-vous faire croire que ces choses saintes : religion, principes d'éternelle jusice, fondements des sociétés humaines, sont indivisiblement liées à l'idée de l'empire ?

Ce serait une singulière condamnation de beaucoup d'alliances dans le passé, et peut-être aussi dans l'avenir. Qui sait si, même dans le présent, cette prétendue logique ne gênerait pas quelques-uns d'entre vous dans leurs secrètes préférences ? Êtes-vous sûrs, messeigneurs, qu'il ne se trouve pas dans le clergé, et même dans l'épiscopat, quelques membres qui nourrissent au fond du cœur des regrets et même des espérances ? Mais enfin, supposez, par impossible, que cela soit. Eh bien, parce que, à choisir, ils préféreraient un autre régime à celui de l'empire, les tiendriez-vous pour des séditieux ? Non, certes ; pourvu qu'ils n'aillent pas dans la rue ou dans leurs écrits donner le signal de l'insurrection, vous ne leur feriez pas un crime de leurs prédilections platoniques ; encore moins les considéreriez-vous comme des ennemis de la religion, de la famille et de la propriété.

Faites, s'il vous plaît, la même supposition, toujours par impossible, pour les opposants. Ne peu-

vent-ils pas être républicains dans leurs préférences
sans que ce soit l'abomination de la désolation? Et,
quant aux vœux qu'ils pourraient former au fond de
leur cœur, sont-ils donc si coupables? Les desseins
de Dieu, vous le savez, messeigneurs, sont impéné-
trables et ses voies mystérieuses! sans compter le
hasard qui est si grand! N'y a-t-il donc pas eu des
revirements qu'on n'aurait pas trop osé espérer, et
peut-on affirmer qu'il ne s'en produira pas de nouveaux et même de légitimes, dans ce bas monde et
en un temps où les choses ne sont pas éternelles?

Nous voilà bien loin, vous le voyez, des régions
où s'agitent les choses immuables de la religion et
de l'éternelle justice.

V

Mais y a-t-il lieu de se scandaliser davantage si,
parmi ces hommes qui rêvent de nouveautés politiques, s'en trouvent quelques-uns qui joignent à
leurs imaginations des vœux de transformations sociales destinées à mettre un peu plus de justice dis-
tributive dans les rapports temporels entre les hommes? Avouez que si les citoyens, même chez les
nations catholiques, étaient un peu plus chrétiens
qu'ils ne le sont, les sociétés modernes ne seraient
pas aussi loin de réaliser dans leur sein un peu de
fraternité sociale.

En attendant, il serait équitable de ne pas jeter la pierre à ceux qui gémissent du présent et qui aspirent au mieux, même au risque de se tromper sur les moyens les plus propres à y conduire ; pourvu que, parmi ces moyens, ne soient point la violence et la tyrannie. Et, cette réserve faite, on devrait s'abstenir d'appeler ses adversaires, parce qu'on ne partage pas leurs vues politiques ou sociales, des destructeurs de la religion, de la famille et de la propriété.

Ces accusations nous affligent d'autant plus que nous les trouvons sous la plume d'évêques qui, autrefois, ont vu de près quelques-uns de ces chercheurs sincères, loyaux, désintéressés, dans le champ des sciences sociales, et qu'ils savent qu'on peut appartenir à des écoles bien diverses avec des sentiments également généreux et un égal amour de la justice.

VI

Je ne méconnais pas, du reste, ce qu'il y a de grave dans la situation présente des sociétés européennes en travail de rénovation. Sans voir les choses aussi en sombre que M. Thiers dans son discours à Lille, on peut craindre que notre génération et peut-être les suivantes, « en marche vers la république, » n'aient à traverser des crises douloureuses avant d'atteindre ce but commun et suprême.

Si la période de transition dans laquelle nous sommes engagés accuse des symptômes si redoutables, il en faut voir la cause, moins dans « l'enchevêtrement des problèmes sociaux et politiques, intérieurs et internationaux, » dont les efforts des bons citoyens viendraient facilement à bout par la pratique sincère et courageuse de la liberté, que dans le mauvais vouloir et l'inintelligence des gouvernants qui, « en cédant quand ils devraient tenir ferme et en résistant quand ils devraient diriger et contenir, » font « que les peuples sont fatalement amenés à tout trancher en supprimant tout. »

Dans ces redoutables conditions, on s'explique donc la haute sollicitude des évêques. Avec eux tous les honnêtes gens désirent de toute leur âme que les crises révolutionnaires soient conjurées, et que désormais toutes les transformations s'opèrent pacifiquement.

Ce qui augmente, on le sait, les alarmes de l'épiscopat, c'est qu'il sent que, dans ces crises terribles, si, par le plus grand des malheurs, elles venaient à se produire, le clergé serait sans autorité pour faire écouter sa parole modératrice.

Mais à qui la faute? N'est-ce pas à vous qui affectez de vous faire les auxiliaires du pouvoir contre ceux qui n'ont qu'un but : rendre au pays la dignité et la souveraineté? N'est-ce pas à vous qui, au moment où s'est accompli cet acte de décembre contre lequel proteste enfin la conscience publique, n'avez fait entendre par aucun de vos chefs une noble re-

vendication, et qui, depuis, pour obtenir de ce pouvoir, son appui pour le maintien du trône pontifical
et quelques faveurs à l'intérieur, n'avez cessé de le
couvrir de votre sanction, de le combler de vos bé-
nédictions et de l'appuyer dans ses détestables pratiques gouvernementales?

VII

Quel ne serait pas, aujourd'hui, et au temps des
crises possibles, votre légitime ascendant sur les esprits, si, au lendemain du 2 décembre, suivant le
conseil qui lui était donné dans une lettre pres-
sante, l'archevêque de Paris, entouré de son clergé
et devant la population prise à témoin, eût solennellement protesté contre l'immolation du droit et
la violation de la foi jurée! Et si, depuis, le clergé
se fût tenu dans une attitude austère et indépendante!

Vous répondrez que c'eût été s'occuper de politique. Non, c'eût été s'occuper d'honnêteté publique,
de *probité* politique.

S'occuper de politique, et s'en occuper dans le
sens le plus déplorable, c'était lorsqu'on proclamait
devant l'armée l'auteur du coup d'État le sauveur de
la société; c'était lorsque des mains, républicaines la
veille, encensaient le triomphateur sur les marches
des temples. Cela s'appelait, selon l'expression d'un

illustre orateur chrétien, « saluer César d'une accla-
mation qui eût excité le mépris de Tibère. »

S'occuper de politique, c'est lorsqu'on transforme
les prêtres en agents électoraux pour seconder l'action oppressive et démoralisante des agents civils,
c'est lorsqu'on transforme la chaire chrétienne en
une tribune et la lettre pastorale en un manifeste
électoral.

VIII

Partout la chose ne s'est pas faite aussi ouvertement et aussi solennellement. Peu d'évêques même
ont donné un mot d'ordre officiel; mais l'entente
n'en a pas moins été dans le clergé.

Un exemple manifeste de cette cordiale entente
nous a été fourni par le département de l'Ariége.

Il y a eu, certes, dans le clergé, de nobles excep-
tions, et il s'est trouvé des curés, même parmi les
plus ultramontains et le plus obstinément attachés au
pouvoir temporel des papes, qui ont su prendre une
attitude parfaitement digne. Ne laissant pas ignorer,
ce qui était dans leur droit, qu'ils votaient contre le
candidat opposant parce que ce candidat était l'ad-
versaire déclaré de la souveraineté pontificale, ils se
sont abstenus de porter ces questions électorales en
chaire; ils se sont gardés de calomnier les intentions
du candidat opposant et de dénaturer ses doctrines,
et ils n'ont pas commis l'inconvenance d'appuyer les

candidats officiels pour prix de faveurs matérielles procurées par ces candidats à leurs églises.

Mais cette réserve a été exceptionnelle. Nous affirmons que généralement la propagande des curés a été ardente, et quelquefois acharnée; que, dans la plupart des paroisses, les curés faisaient aux fidèles un devoir de reconnaissance de voter pour les candidats officiels qui avaient fait obtenir des sommes d'argent aux églises et qui en promettaient de nouvelles; que, dans un grand nombre de paroisses, à ces misérables motifs invoqués en faveur des candidats officiels se joignait la calomnie envers le candidat opposant; que, dans plusieurs et assez nombreuses paroisses, cette propagande s'est faite en pleine chaire et jusque dans les écoles des enfants, même au chef-lieu du diocèse.

IX

Cette propagande a éclaté tout à coup, sur tous les points, au même moment, avec un ensemble parfait. Et, au même moment aussi, un libelle diffamatoire, parti de la ville épiscopale et signé d'un curé, était dans les mains de tous les prêtres du diocèse et répandu dans la population.

Ce libelle, assemblage incohérent de passages tronqués de mes écrits, accompagnés de commentaires perfides, se terminait, en guise de résumé de mes doctrines, par ces lignes : « Comprenne qui pourra cette *méthode révolutionnaire* inaugurée par le Christ, au moyen de la croix, et réalisée pratiquement par Robespierre, au moyen de l'échafaud ! » Ai-je besoin de dire que si j'en fais ici mention, c'est uniquement à cause des conditions dans lesquelles il s'est produit, comme un signe de l'esprit général qui animait le clergé et du concert de ses manœuvres?

Il n'est pas possible qu'on me démente. J'ai parcouru le département après le dimanche 16 *mai* où se manifesta cette propagande ardente et calomnieuse; partout où je passais, le fait était de notoriété publique et excitait l'indignation des honnêtes gens.

Il est vrai qu'au dernier jour, le soir du 24 *mai*, lorsque le mal était fait et le résultat acquis, l'évêque, ému de la protestation indignée qui éclatait sur toutes les lèvres, dans sa ville épiscopale[1], et même fort près de lui, prit soin de dégager sa responsabilité par une lettre privée adressée à un notable de la ville.

Bien que je sois autorisé à faire remarquer qu'il eût été plus naturel que le désaveu me fût personnellement adressé, l'offense ayant été personnelle, je ne me fais pas moins un devoir, ayant eu connaissance de cette lettre, de la reproduire textuellement :

« J'apprends, à ma grande surprise, qu'il a été

---

1. Dans la ville épiscopale, Pamiers, le candidat indépendant a eu 1047 voix; le candidat officiel, 475.

prétendu qu'un écrit, concernant un ouvrage de
M. F. Arnaud, et qui circule en ville, aurait été fait
sous mon inspiration. — Ce bruit, absolument faux,
a pu et pourra parvenir jusqu'à vous. Je suis donc
pressé de vous dire, et vous pouvez affirmer, si vous
le jugez bon, que je suis complétement étranger à
cet écrit, dont je n'ai connu le projet et l'existence
qu'avec le public. Je suis dans l'habitude de ne
m'occuper que de mon ministère, et c'est le conseil
que je donne à mes subordonnés. Dans la conjonc-
ture présente, je n'ai pas suivi une autre marche,
ni donné d'autres conseils.

« Agréez, monsieur, mes dévoués hommages.
« *Signé :* † AUGUSTE, évêque de Pamiers. »

X

Il est bien entendu que la déclaration de Mgr de
Pamiers ne laisse pas de doute en ce qui touche sa
prétendue participation au libelle. Il est certain pour
nous qu'il y est étranger. Mais, qu'il me permette de
le lui dire, le désaveu eût dû être public et le blâme
sévère envers l'auteur. Laisser circuler cet écrit,
sans exprimer ce blâme indigné, jusqu'au dernier
jour du vote, et ne le désavouer, à ce moment extrême, que par une lettre privée, laquelle lettre, du
reste, ne contenait pas l'ombre d'un mécontente-
ment au sujet de la publication elle-même, c'était

garder dans ce fait une part de responsabilité morale[1].

Quant à la responsabilité du chef du diocèse, par rapport à l'attitude générale de son clergé dans les élections de 1869, à mes yeux et aux yeux du pays, cette responsabilité reste entière.

Assurément, aucun mot d'ordre, ni officiel, ni officieux, n'a été donné par lui à son clergé ; cela est certain, puisqu'il l'affirme.

Mais Mgr Bélaval n'ignore pas que plus un gouvernement est centralisé et autoritaire, plus est grande la responsabilité des chefs.

---

1. On peut dire de tous les diocèses ce que l'archevêque de Paris constate au sujet de la responsabilité qui résulte pour lui, dans le sien, de son autorité hiérarchique, et qui l'obligeait, croyait-il, à conseiller au pouvoir civil d'interdire la vente sur la voie publique d'un journal de M. l'abbé Gassiat. « Les fidèles, dit-il, sont portés à croire que tout ce qui se fait à Paris, en matière de religion, se fait sous l'inspiration ou avec l'agrément de l'autorité diocésaine; et surtout qu'un journal religieux, rédigé et publié par un prêtre, et se vendant sur la voie publique et presque à la porte des églises, a nécessairement des attaches avec l'administration ecclésiastique.... » C'est justement ce qui s'est passé dans l'Ariége. Les fidèles, portés à croire que tout ce qui se fait dans le diocèse, en matière de religion, se fait sous l'inspiration ou avec l'agrément de l'autorité diocésaine, ont pensé, à tort ou à raison, qu'un écrit publié par un curé, au chef-lieu du diocèse, sur des matières religieuses, avait nécessairement des attaches avec l'administration ecclésiastique. Le silence de cette administration a été considéré comme une approbation tacite; et ceux que l'écrit en question avait pour but de servir en ont naturellement bénéficié dans l'opinion et le vote des fidèles. Les lettres, venues après coup, et sans publicité aucune, ne peuvent rien changer à cette situation.

L'empire offrant le modèle de la centralisation la plus excessive, à tous les degrés de l'échelle, il est simple que la conscience publique autant que la Constitution fasse remonter des chefs intermédiaires au chef de l'État l'entière et absolue responsabilité des actes d'iniquité de ses agents, quand ces actes s'accomplissent partout avec un ensemble qui fait supposer ou une même impulsion venue d'en haut, ou la certitude pour les agents de répondre au vœu intime d'une pensée non ouvertement manifestée. La pratique ne rend guère possible la sanction de cette responsabilité effective, mais la responsabilité morale demeure entière. Nous n'en sommes plus à ce cri naïf d'autrefois, qui partait de tous les cœurs opprimés et ulcérés : « Si le roi le savait ! »

Il en est de même de votre gouvernement sacerdotal, monseigneur. Tout le monde sait quelle discipline sévère et presque absolue rattache, dans tous les diocèses catholiques, les prêtres aux évêques. Tout le monde sait avec quelle vigilance l'évêque veille à la conduite des pasteurs, et avec quelle promptitude sont condamnées les moindres paroles malsonnantes au point de vue de la doctrine, et réprimés les actes qui constitueraient un manquement à la discipline.

Si donc le clergé de l'Ariége a montré tant d'ardeur et même d'acharnement dans cette campagne électorale, c'est qu'il savait qu'il ne serait point désavoué par ses supérieurs.

XI

Il n'y aurait eu qu'un moyen de dégager votre responsabilité, c'eût été de désavouer publiquement ces prêtres qui compromettaient si gravement la sainteté de leur ministère, ceux surtout qui déshonoraient la chaire de Jésus-Christ.

Ce blâme public, vous ne l'avez pas infligé. Vous ne le pouviez pas, sans désobliger les candidats officiels qui étaient venus les mains pleines de promesses de secours à vos églises; vous ne le pouviez pas, sans déplaire à ce gouvernement qui maintient à Rome un simulacre de pouvoir temporel, tout en le laissant, depuis dix ans, démanteler pièce à pièce.

Oui, voilà, monseigneur, le mot de la situation. Contre nous qui faisions appel aux sentiments de dignité, de liberté, de probité politique, vous avez laissé votre clergé se faire le complice de tout ce qui est l'opposé de ces sentiments. Pourquoi? Pour prix de quelques dons ou faveurs à vos églises, et pour prix du concours illusoire prêté au pape par les armes françaises en vue de lui conserver sa motte de terre.

Combien un pareil état de choses ne donne-t-il pas raison aux vœux que j'exprime depuis tant d'années, aussi bien au nom de la science chrétienne que des principes de la politique moderne, de voir enfin le spirituel séparé du temporel. Il faut que les longues alliances de l'Église avec les gouvernements humains aient singulièrement faussé les consciences, pour que le clergé ne se rende pas compte des effets désastreux que produit sur les âmes cet oubli que fait le prêtre de la dignité des citoyens dans l'exercice de leurs devoirs civiques, et de sa propre dignité dans ses rapports avec le pouvoir !

XII

Qu'un simple citoyen, pour une faveur quelconque, donne sa voix au candidat officiel, comment appelez-vous cela ? vendre son vote. Il n'y a pas deux morales, l'une à l'égard des individus, l'autre à l'égard des ministres du culte. Ceux-ci ont charge d'âmes ; ils sont doublement tenus de respecter les lois de la conscience en eux-mêmes et chez les autres. Quand, du haut de la chaire, ou même en dehors du temple, ils disent à leurs paroissiens : « Le candidat officiel nous a fait obtenir une somme d'argent pour notre église, ce serait de l'ingratitude de ne le point nommer, » ils commettent une faute grave, car ils pervertissent le sens moral des populations.

L'expérience prouve trop, du reste, que tout se tient en fait de dignité et de probité publique. Ces mêmes chrétiens, dont vous déterminez le vote par des considérations où la conscience est faussée au nom de l'intérêt mal compris de la religion, ne les laissez-vous pas s'habituer, dans tout l'ensemble de leur vie civique et surtout de leur vie électorale, à commettre les actes les plus répréhensibles avec une sorte de quiétude qui semblerait montrer qu'ils ont perdu le sens moral?

N'est-il pas vrai que, moyennant que vos fidèles fréquentent les églises, ne négligent aucune des formalités du culte, il vous est parfaitement indifférent qu'ils s'associent, soit comme fonctionnaires, soit comme simples citoyens, à tous les actes de pression et de corruption du pouvoir? Ils ont donné le bon exemple par leurs pratiques dévotes, cela vous suffit.

Mais l'autre exemple, celui de la probité publique et du respect de la concience d'autrui, vous inquiétez-vous s'il est donné aux populations que vous êtes chargés d'évangéliser? Ces fonctionnaires qui en sont presque venus à tirer vanité de leurs manœuvres corruptrices envers les électeurs; ces citoyens, à la disposition du plus offrant, et qui ne prennent même plus la peine de mettre un masque, songez-vous seulement à leur rappeler les lois les plus élémentaires de la morale sociale?

XIII

A quels tristes spectacles n'assistons-nous pas, dans nos villes du Midi, lorsque, au lendemain de ces luttes politiques qui ont été un cynique étalage de toutes les basses passions et de tous les sordides intérêts, se déroulent des processions solennelles! Est-il rare de voir au premier rang des fidèles, tenant les cordons du dais où s'abrite le plus révéré des mystères, ceux-là mêmes, fonctionnaires ou simples citoyens, qui ont fait une dérision et un mensonge du suffrage universel? Et à la gravité, presque sincère, de leur maintien, on sent bien qu'ils se doutent à peine que dans leur conduite est engagée la morale publique, pas plus que le clergé ne semble se rendre compte du tort immense que ces accommodements font inévitablement aux consciences.

Il y a pourtant là un scandale à couvrir de honte les chrétiens qui conservent quelque droiture et quelque fierté dans l'âme.

Rappelez-vous ce mot de l'Évangile : « Malheur à ceux qui scandalisent un de ces petits. » Eh bien, ici, vous donnez le scandale public devant ces foules naïves qui ont les yeux tournés vers vous, comme vers les guides naturels de leurs consciences. C'est à démoraliser pour longtemps toute une population !

XIV

Cela n'accuse-t-il pas un vice profond dans l'éducation, dans la direction morale qui est donnée à la jeunesse chrétienne? On se croit en règle avec la

morale et avec la religion, quand on a développé ce
qu'on a coutume d'appeler les vertus privées ; comme
si les vertus privées n'avaient pas besoin de s'ali-
menter et de se fortifier par les hautes et généreuses
préoccupations de la vie publique ! vous croyez faire
des hommes sages et des chrétiens pieux ; vous ne
faites que des indifférents et des égoïstes.

Comment ne voyez-vous pas que l'éducation qui,
tout en développant certaines vertus dans la jeunesse, même les meilleures, telles que la bienfai-
sance, la laisse indifférente aux grands intérêts de
l'Etat, est l'éducation la plus corruptrice, parce qu'en
persuadant aux hommes que, moyennant la pratique de ces vertus privées, ils sont quittes envers la
société, vous oblitérez la portion la plus noble de
leur conscience et les endormez dans un contente-
ment d'eux-mêmes et une quiétude déplorables ?

N'est-il pas honteux de voir ces chrétiens, gracieux
de manières, courtois dans leurs relations, compatis-
sants envers les misères, et consacrant même quelques heures de leurs loisirs à leur porter secours, mais,
quant à leur rôle de citoyen, n'ayant qu'un souci :
se faciliter l'accès et le développement d'une carrière,
et se prêtant sans scrupule et comme une chose
allant de soi, aux manœuvres systématiques de pression et de corruption gouvernementales ? générations de satisfaits qui fuient les mâles vertus du fo-
rum, sous le prétexte que la vie du chrétien rangé et
raisonnable est tout entière dans la famille et dans
le temple !

XV

Pendant ce temps-là, les peuples marchent, les sociétés humaines sont agitées jusque dans leurs profondeurs; les grandes questions sociales s'imposent de plus en plus à l'opinion; les intérêts publics deviennent de plus en plus l'intérêt capital et pressant du siècle.

Le monde civilisé les contient dans ses flancs, ces redoutables problèmes, depuis que le grand libérateur l'a fait chrétien. Et ce sont les chrétiens qui, au lieu de les saluer et de les saisir, se voilent la tête pour ne les point voir, et au lieu d'en préparer la solution par des mœurs vraiment démocratiques, s'amollissent dans les frivolités de la vie facile, prenant du culte ce que commandent le bon ton et les bienséances, et de la morale évangélique juste assez pour ne point gêner leur avancement dans le monde, abandonnant, d'ailleurs, les grands intérêts publics aux manœuvres corruptrices du pouvoir, quand ils ne se font pas ses auxiliaires et ses complices.

Vous préoccupez-vous de ces choses, Messeigneurs? Ne serait-il pas plus juste, plus digne, plus socialement utile, plus chrétien, d'user de votre influence pour donner aux jeunes générations une éducation virile, que de gémir sur le sort de la famille, de la propriété et de la religion, en accusant les au-

tres de les compromettre, quand c'est la détestable
direction que vous laissez prendre aux consciences,
qui confond tout et compromet tout ?

XVI

Vous déplorez que le mouvement démocratique se
détourne de plus en plus des voies chrétiennes. A qui
la faute, si ce n'est à ceux qui ne se font nul scrupule
de désintéresser les populations catholiques des
grands devoirs sociaux et de les dispenser des hautes
vertus patriotiques ?

Oui, certes, nous n'avons cessé de le répéter devant toutes les préventions et toutes les négations,
soit des démocrates, soit des chrétiens, le problème
social, si confus dans les termes contradictoires où
l'ont réduit les aveuglements des uns et des autres,
serait singulièrement simplifié si la démocratie moderne savait reprendre son vrai nom : la démocratie
chrétienne, et surtout si le clergé voulait comprendre
que, des chrétiens, il faut faire des citoyens.

Mais quelles complications ne peut-on pas prévoir,
et quelles crises redouter, quand les chefs les plus
écoutés du monde catholique n'attendent la réunion
du prochain concile que pour y provoquer de nouvelles et plus solennelles condamnations de nos
libertés les plus chères, quand les pasteurs, sous
l'impulsion ou la tolérance des évêques, secondent le

système inique qui tend à corrompre la source même de tout notre droit social moderne, la souveraineté nationale !

Là est le mal, et là aussi le danger.

Sera-ce en vain que nous l'aurons signalé, cette fois comme tant d'autres, et notre voix sera-t-elle toujours la voix qui crie dans le désert? Quand il s'agissait de rappeler à mon pays la haute pensée réparatrice qui a dominé le mouvement électoral de 1869, j'aurais cru ne remplir mon devoir qu'à moitié, si je n'avais exprimé mon regret profond que les représentants du droit absolu et de la liberté des âmes aient si mal compris et soutenu cette grande et décisive revendication.

LA RÉVOLUTION PACIFIQUE

6

CHAPITRE V

LA RÉVOLUTION PACIFIQUE

I

Quoi qu'il en soit des conditions déplorables dans lesquelles nous avons vu fonctionner le suffrage universel, de la pression violente et corruptrice des agents de l'administration, de la conduite anti-libérale du clergé, l'opinion publique s'est si clairement manifestée, que le pouvoir lui-même s'est senti en présence d'une situation nouvelle. Au lieu de la majorité fidèle et discrète qu'il attendait, il a vu se dresser devant lui une représentation, cette fois sérieuse, de la volonté nationale.

Cette représentation, encore indécise sans doute, n'ayant que la conscience vague de l'œuvre capitale qu'elle avait mission d'accomplir, n'était pas moins, pour qui savait comprendre, l'expression d'une triple pensée : quant au fondement et aux sources du droit national, une idée de justice réparatrice; quant au but à atteindre, l'abolition radicale du gouvernement personnel; quant au moyen d'atteindre ce but, *la révolution pacifique.*

Devant cette mise en demeure de l'opinion, quelle eût dû être la conduite du gouvernement?

Nous avouons qu'il eût fallu de sa part un effort surhumain pour se résoudre à ce qui eût été le plus logique et le plus digne : 1° réparer le passé par une *amende honorable,* sincère et absolue ; 2° se dessaisir du pouvoir personnel entre les mains des élus du peuple, ou plutôt demander, sans retard, une vraie constituante au suffrage universel délivré de toutes ses entraves.

De pareils prodiges se rencontrent peu dans l'histoire des princes. Celle de Napoléon Ier nous a montré que même un premier écroulement ne suffit pas pour dissiper l'ivresse et les rêves vertigineux de l'esprit de domination. Nous n'en sommes plus au temps de la légende du roi Robert de Sicile, où un ange gouvernait à la place du monarque, pendant que celui-ci, transformé en un personnage hideux à voir, pouvait se rendre compte de l'horreur qu'il inspirait à ses sujets, jusqu'à ce que, enfin, repentant, corrigé et redevenu un roi selon la justice, il reprît le sceptre laissé libre par le messager divin.

Depuis que les puissances célestes n'interviennent plus dans les affaires humaines, les courtisans ne s'empressent pas d'en remplir l'office et de mettre devant les yeux du prince un miroir qui lui permette de se reconnaître, de juger la laideur de ses propres actes, et de sentir le besoin des généreuses réparations.

Donc, ce *mea culpa* purifiant le régime à sa source, il eût été chimérique de l'attendre.

II

Non moins chimérique eût-il été d'espérer que ceux qui n'avaient eu d'autre but, d'autre idée fixe que de fonder dans des conditions de perpétuité le gouvernement personnel, s'inclineraient avec respect devant le vœu contraire de l'opinion.

Renoncer au *motu proprio* et remettre l'initiative à la nation, c'eût été accomplir la plus radicale des révolutions, du moins en principe, sinon la consommer dans ses conséquences.

Pour en venir à cet effort d'abnégation héroïque, était-ce bien la peine d'avoir épuisé toutes les ressources du génie byzantin pour construire un mécanisme gouvernemental qui dispensât la France de penser et de vouloir? Une pareille conclusion, après de tels précédents, eût été la plus incroyable merveille de l'histoire.

Les gouvernants n'en ont pas eu la pensée un seul instant. Leur premier mouvement a été, au contraire, d'affirmer plus que jamais le pouvoir personnel: « ce qui est le plus nécessaire, en ce moment, disaient ses plus officieux champions, ce n'est pas *l'accroissement de la liberté*, c'est l'adoption d'une politique ferme, nette et décidée.... Il faut que l'on sente enfin la main de l'Empereur; il faut qu'il gouverne *plus que jamais*.... qu'il gouverne lui même avec fermeté et décision.... » « C'est *en rentrant complétement dans sa voie*.... que l'empire détournera à son profit le courant créé en apparence contre lui[1]. »

Il a bien fallu, devant l'attitude du Corps législatif, et plus encore devant les exigences libérales de l'opinion, supprimer le *plus que jamais* des premières déclarations; il a bien fallu se résoudre à faire moius sentir *la main de l'Empereur* en l'entourant de ministres responsables. Mais le chef de l'État montrait, par la prorogation du Corps législatif, qu'il entendait rester le juge de l'importance des vœux du pays et de l'étendue des réformes à opérer.

On cède au courant parce qu'on se voit dans l'impossibilité de lui résister, mais on ne rend pas les armes. Le pouvoir personnel est loin d'abandonner son principe. Qu'on ne s'y trompe pas, l'Empire, tout en faisant des concessions nécessaires et urgentes, espère encore *détourner à son profit le courant créé en apparence contre lui*, et rentrer ainsi habilement *dans sa voie*.

La révolution pacifique se fera malgré tout, parce que de plus en plus elle deviendra le but manifeste et formel de l'opinion; mais ce serait se méprendre étrangement que de croire que le gouvernement, par

1. Voir le journal *le Peuple*, du 30 mai.

le nouveau sénatus-consulte, entend inaugurer cette révolution.

Dans son intention, pas plus qu'en fait, il n'en est rien.

En réalité, et toute illusion écartée, la période qui s'ouvre est la lutte engagée entre le gouvernement personnel qui se défend pied à pied, tout en reculant toujours par la force des choses, et la souveraineté nationale qui s'affirme de plus en plus et gagne chaque jour du terrain.

Il n'est pas difficile de prévoir de quel côté sera finalement la victoire. Ce n'est qu'une question de temps. On ira plus ou moins vite et plus ou moins sûrement, selon que l'opposition se montrera plus ou moins habile, plus ou moins unie. Si ses divisions lui font oublier le but à atteindre, elle préparera encore, il faut s'y attendre, des triomphes momentanés au pouvoir personnel.

III

Déjà son premier acte a été une première faute. Son attitude eût pu et eût dû se dessiner, ferme, unanime, péremptoire, au début même de la vérification des pouvoirs. Qu'importaient, à ce moment, les points de dissidence, lorsqu'une seule question était en cause : la candidature officielle? Là, devait éclater, sans délai, sans distinction, en dehors de tout fait particulier, une première protestation générale et radicale. Distinguer entre les élections contestées et les élections non contestées, c'était, nous l'avons dit plus haut, s'affaiblir en même temps que se tromper gravement.

C'était en outre ajourner mal à propos un débat impatiemment attendu par le pays sur les derniers actes du pouvoir et l'ensemble de la situation politique. A défaut d'interpellations réglementaires, les orateurs, invoquant l'urgence d'explications immédiates, auraient mis le gouvernement en demeure de faire la lumière sur les causes de l'émotion et des scènes de désordre qui suivirent les élections, à Paris et dans quelques grandes villes, sur les bruits, au moins étranges, de prétendus complots et conjurations dont les journaux officieux étaient remplis, sur les motifs, restés ignorés, de cette recrudescence de rigueurs préventives et répressives envers les organes et les chefs de l'opinion indépendante, et sur tant d'autres questions qui agitaient et troublaient les esprits.

La presse libérale a justement exprimé son étonnement et son regret que l'opposition ne se soit point affirmée en engageant ainsi la lutte, à l'ouverture même de la session[1]. Il est difficile de croire que le gouvernement pût se dispenser de répondre, sous

1. Voir notamment, à ce sujet, un excellent article de *la Minerve de Toulouse*, revue mensuelle publiée sous la direction de M. Gatien-Arnoult; numéro du mois d'août.

prétexte que les pouvoirs de la Chambre n'étaient pas encore vérifiés.

Dans tous les cas, l'attitude des opposants, en attestant leur union, eût inspiré quelque respect, et peut-être le pouvoir eût-il reculé devant l'idée de cette brusque et insolite prorogation, laquelle, si elle était dans son droit strict, ne laissait pas que d'être un manquement aux plus simples convenances.

Mais là, en présence de cet acte de hautaine omnipotence, toute hésitation devait cesser. Les membres de l'opposition avaient un terrain commun qui leur permettait de faire une protestation commune. Ce n'était pas le moment de soulever les questions, soit de principes, soit d'application, qui les divisent. Tous représentaient le seul souverain, la nation, contre le gouvernement personnel; tous voulaient relever la France dans sa dignité morale, autant que dans sa souveraineté.

Il y avait donc deux points essentiels où tous se rencontraient; et cela devait suffire.

C'est donc se tromper que de chercher dans les éléments de dissidence un motif légitime et sérieux à cette exclusion d'un manifeste collectif. Ce fut une faute grave de ne le point lancer d'un mouvement unanime; et les protestations individuelles n'ont pu que bien imparfaitement la réparer.

Si l'opposition, à chaque pas, troublée par ses divergences, s'arrête dans ses manifestations, elle secondera mal le sentiment public, et se laissera devancer, même par les programmes que d'autres, plus habiles, feront retentir jusque sur les marches du trône.

N'est-ce pas un étrange début que d'être contrainte à contempler, muette et désarmée, l'œuvre constitutionnelle qui se débat entre le pouvoir exécutif et le Sénat? Spectacle, on peut le dire, absolument nouveau, que celui des représentants officiels d'un grand peuple, qu'on ne daigne même pas interroger sur la portée et l'étendue des vœux publics dont ils sont les interprètes; afin qu'il soit bien convenu que l'initiative et la direction restent toujours au chef de l'État.

IV

Heureusement qu'un fait éclatant domine la situation: le courant irrésistible de l'opinion entraînant pouvoir, opposition, Sénat, dans la voie de la révolution pacifique.

Cela ne veut pas dire que les choses iront d'elles-mêmes, et que rien ne pourra ni compromettre, ni arrêter, ni retarder cette révolution.

Au contraire, c'est, plus que jamais, pour tous les organes de l'opposition, le moment de veiller et d'agir. On doit s'attendre à ce que les défenseurs du pouvoir personnel, tout en empruntant le vocabulaire de la liberté, au lieu de la proie, essayent de nous en livrer l'ombre.

Nous entrons dans la période où les équilibristes vont se donner carrière.

Dès qu'un régime, après être resté quelque temps maître de son principe dans son fonctionnement normal, rencontre un principe opposé, lequel, soutenu par l'opinion, se dresse devant lui et revendique l'empire, on voit surgir des habiles dont la manœuvre consiste à chercher des compromis, des concessions mutuelles, des transactions, des ménagem ents, qui maintiennent en balance les deux principes rivaux. C'est le parti des doctrinaires, artisans de combinaisons artificielles qui précipitent la ruine de ce qu'elles prétendent sauver.

Les doctrinaires ne pouvaient manquer au régime impérial, pas plus qu'ils n'ont manqué à tous les régimes passés.... pour les perdre. Dès l'origine du second empire, il s'est donc trouvé des politiques avisés qui, prévoyant le moment où la nation, moins effrayée, se souviendrait de ses droits, se sont inquiétés de chercher ces moyens de pondération et d'équilibre.

La pondération, certes, est une excellente chose, et la loi essentielle de toute combinaison harmonique, aussi bien dans l'ordre moral que dans l'ordre physique, mais à la condition de ne mettre en rapport entre elles, pour les équilibrer, que des forces qui, au lieu de se contredire et de se détruire l'une l'autre, sont destinées à se compléter et à se soutenir mutuellement. Quand le génie des hommes d'État s'est appliqué à trouver ses moyens de pondération dans le jeu simultané et concordant des divers éléments *constitutifs* d'un régime donné, il a fait œuvre normale, rationnelle, et, par conséquent, relativement viable.

Or, ce genre de pondération; parfaitement légitime et indispensable, n'a rien de commun avec les entreprises chimériques des prétendus modérateurs qu'on nomme les doctrinaires. Le propre de ces équilibristes est de s'obstiner à retenir, à côté d'un principe essentiellement constitutif d'un régime, un autre principe qui en est la contradiction même, croyant ainsi opérer une sorte de neutralisation de forces, qui empêchera ce régime de produire des conséquences qu'on redoute, et maintiendra indéfiniment un prudent et commode *statu quo*.

V

Que, dans une société dont l'élément aristocratique est une des conditions organiques, les mœurs, les longues traditions nationales, fassent une nécessité de combiner cet élément avec l'élément populaire; que la constitution des pouvoirs y pondère les deux éléments de manière à ce que leur jeu respectif facilite au lieu de gêner l'expansion de toutes les activités individuelles ou collectives, et favorise les progrès de l'opinion publique, et par suite les progrès de la législation; il n'y a rien là que de très-naturel, et l'Angleterre nous en offre un merveilleux exemple.

Que, dans une monarchie de droit divin, où le pouvoir personnel est l'élément essentiel et incontesté, on cherche néanmoins à contenir l'exercice abusif de ce pouvoir, en lui créant des limites par des assemblées ou des parlements, par des garanties légales de toute nature, ce n'est pas sortir des termes de la logique.

Mais, dans un pays démocratique, où les droits de l'homme sont proclamés supérieurs à toute loi et à toute constitution, où la base de l'ordre social est la souveraineté nationale, avec l'égalité politique de tous les citoyens, prétendre garder en même temps, comme élément légitime et essentiel, le pouvoir personnel, et chercher des équilibres artificiels entre ce pouvoir personnel et le droit national dont il est la contradiction, c'est faire œuvre vaine et presque puérile.

On sait ce qui advint du doctrinarisme sous la monarchie de Juillet. Bien que la souveraineté nationale ne se manifestât que par le suffrage restreint, le principe n'en était pas moins le fondement de ce régime constitutionnel, et la négation de l'ancien principe monarchique qui prétendait posséder en lui-même sa raison d'être.

Il n'y avait donc plus à considérer, selon l'utopie des doctrinaires, la monarchie comme un élément essentiel, comme un pouvoir constitutif traitant avec le pouvoir national de puissance à puissance et avec lequel il fallait le pondérer. Non, il ne s'agissait plus d'un principe en face d'un principe, d'une autorité

7

en face d'une autre autorité. De souveraineté véritable, il n'y en avait qu'une, la souveraineté nationale. La monarchie n'était là, avec ses garanties constitutionnelles, qu'à titre de compromis, transitoirement imaginé, dans le but d'éviter les inconvénients et les dangers du pur régime démocratique, chez un peuple qu'on ne croyait pas encore capable d'exercer pleinement son droit souverain, et en attendant que se développassent peu à peu ses aptitudes politiques.

Dès lors, il n'y avait pas à marchander, sous prétexte d'équilibres conventionnels, avec le vœu de l'opinion, à mesure qu'elle demandait l'extension du cercle électoral et l'accroissement des libertés publiques. La mission du pouvoir, comme l'objet de la loi, n'était pas autre que de rendre le peuple de plus en plus capable et digne de faire usage de sa souveraineté, c'est-à-dire de se gouverner lui-même par ses représentants.

Mais on nous objectait, quand nous disions ces choses : « Vous voulez donc, si tel est le rôle de la monarchie et si elle l'accomplit fidèlement, qu'elle prépare elle-même sa déchéance ? vous lui faites la même position qu'au trappiste qui creuse sa tombe de ses propres mains. »

Oui, et si vous préférez une comparaison moins lugubre, nous lui faisons le même sort qu'au père de famille qui doit élever son fils le mieux possible, bien qu'il sache que, plus tôt celui-ci saura se gouverner, plus tôt devra cesser la tutelle paternelle.

VI

Il faut en prendre son parti, les sociétés modernes sont démocratiques par le principe fondamental de leur constitution, et non moins par leurs aspirations irrésistibles. La république étant la forme logique et définitive de la démocratie, il est tout simple que les peuples y tendent tous inévitablement. Tout se réduit pour chacun d'eux à une question de temps et à une question de mode : le mode révolutionnaire, quand le pouvoir élève devant la démocratie ascendante des digues intempestives; l'évolution pacifique, quand les constitutions sont ménagées de manière à se dilater et à se développer avec le flot grandissant.

Vous comprenez qu'ici nous n'avons pas à prendre souci d'intérêts dynastiques, et que, devant la marche logique des choses, s'écartent d'elles-mêmes les prétentions de quelques familles princières à s'inféoder le pouvoir.

On a vu, en 1848, ce que gagnent ces familles à prêter l'oreille aux doctrinaires qui prétendent les consolider en les mettant en travers de la révolution pacifique. Nous ne doutons pas que la dynastie de 1830 ne se fût assuré de longues années d'existence, en restant dans la pureté du principe démocratique, en se constituant l'organe intelligent, sincère et fidèle de la souveraineté nationale; ce qui lui était facile, le système de la responsabilité ministérielle permettant toujours au monarque de changer ses ministres au gré de la majorité parlementaire, et cette majorité pouvant être mise de plus en plus à même de représenter la volonté du pays par l'extension progressive du cercle électoral, jusqu'à l'extrême limite du suffrage universel.

Il est probable que la France, se mouvant si à l'aise sous cette constitution élastique, se fût longtemps contentée de ce régime imparfait qui lui rendait en sécurité ce qu'il lui enlevait au point de vue de l'absolue logique.

Nous n'osons pas en prédire autant à la dynastie présente.... à cause de son origine.

Mais là n'est pas la question. Au fond, personne ne se trompe sur le caractère réel de la situation. Si quelques esprits chimériques s'attardent encore à chercher dans des équilibres impossibles une cordiale entente entre deux principes dont l'un est la négation de l'autre, les plus habiles ne s'arrêtent pas à ce jeu puéril. Ils savent bien que le pouvoir personnel n'est plus qu'*un fait* en face d'*un principe*; mais, quoique simple fait, ils veulent à tout prix le sauver; et ils le tenteront, en parlant, s'il le faut, la même langue que l'opposition, la langue de la plus pure démocratie; ils n'auront que le mot de souveraineté nationale sur les lèvres; ils feront en son nom des concessions libérales, ayant soin de laisser au prince les apparences de l'initiative et la réalité de la direction administrative et politique.

Habile stratagème qui accumulera, s'il le faut, les réformes dans le mécanisme des pouvoirs publics, pourvu qne tous les fils restent dans la main du monarque, et qu'il soit bien convenu que tout serait perdu si cette main venait à se retirer. « A une politique si grande et si féconde, s'est écrié M. Baroche saisi d'admiration devant les concessions *spontanées* de l'empereur, il faut une éclatante personnification. Il faut qu'une main puissante et expérimentée imprime le mouvement à ces rouages nouveaux et en dirige la marche[1]. »

VII

La constitution de 1852, elle-même, bien que n'ayant guère à se gêner devant la France terrifiée de cette époque, n'a pas eu un autre procédé. N'at-elle pas établi sa base sur les principes de 89 et sur la souveraineté nationale ? Le suffrage universel n'était-il pas la mise en application de ces principes démocratiques ? Et ne voyait-on pas des impérialistes sincères — car il s'en est trouvé, il faut le reconnaître ! — appeler, sans rire, l'empire la meilleure des républiques ?

On sait, d'ailleurs, à quoi le système tout entier de la législation et l'ensemble des procédés adminis-

1. Discours de M. Baroche au Conseil général de Seine-et-Oise.

tratifs réduisaient, en fait, les principes de 89 et cette souveraineté nationale.

Le procédé, nous en prévenons, ne changera pas ; il sera pratiqué avec des variantes, avec des ménagements infinis ; au fait brutal seront substituées des manœuvres ingénieuses et quelquefois délicates. Mais le but restera le même : sauver le plus possible, de fait, le pouvoir personnel, en le laissant armé des moyens les plus propres à maintenir son influence sur les populations.

Voilà où est le danger. Et c'est pourquoi il importe de regarder de près l'œuvre réformatrice qui vient de s'accomplir, de ne pas se prendre aux apparences, de se rendre compte de la portée réelle de ces changements, et de chercher si l'on ne laisse pas dans l'ombre ce qui est l'essentiel de la vie démocratique.

Assurément, on ne peut nier l'importance des réformes opérées. Avec l'initiative rendue en partie au Corps législatif, son droit d'interpellation, son droit d'amendement, l'admission de ses membres dans les conseils de la couronne, la responsabilité des ministres rétablie, il est évident que l'opposition va se mouvoir dans un champ plus large, et que la constitution ainsi modifiée lui offrira des moyens nouveaux et plus efficaces d'agir sur l'opinion, de l'éclairer et de préparer la voie à des conquêtes plus considérables.

VIII

Mais ne voit-on pas que cette œuvre, habilement ourdie par les défenseurs du *pouvoir personnel*, tout en faisant grand étalage de ces changements qui donnent plus d'élasticité aux ressorts de la machine gouvernementale dans les hautes régions du pouvoir, se garde de toucher au vaste et formidable système administratif qui enveloppe, étreint et paralyse tout le corps électoral?

Aussi les plus zélés et les plus jaloux partisans d'un gouvernement fort s'inquiètent-ils peu de ce genre d'audace réformatrice ; troublés d'abord et même *ébouriffés*[1] par ces soudaines innovations, en y regardant de près, ils ont été bien vite rassurés, et M. Ségur d'Aguesseau, dans la joie de sa découverte, a pu s'écrier : « *L'empire autoritaire* reste intact devant le sénatus-consulte. » Partout et à tout âge, il y a des enfants terribles qui disent le vrai mot des situations.

Oui, sans doute, les ministres de la couronne vont dépendre de la majorité parlementaire ; mais qu'importe au chef de l'État, si, maître de l'élection, il l'est de la majorité?

Vous regardez au sommet. Nous regardons à la base.

---

1. Discours de M. Ségur d'Aguesseau, au Sénat (séance du 6 septembre 1869).

Vous êtes satisfaits de voir le parlement relevé, nommant son président, parlant en liberté, fournissant des membres au conseil des ministres; c'est très-bien. Mais notre satisfaction est moindre, quand nous savons de quelle source proviennent ces prétendus représentants de la nation. N'avons-nous pas vu, hier encore, pratiquées, avec une recrudescence d'ardeur, les manœuvres destinées à fausser le suffrage universel? Et tout ne prouve-t-il pas que l'on n'entend modifier en rien ce côté capital de la situation?

C'est par là qu'on espère sauver le pouvoir personnel, et peut-être même, avec un peu d'habileté, rattraper en parti le terrain perdu.

Ce jeu qui va s'ouvrir entre le parlement et le pouvoir, ce double courant d'influences réciproques, cette pépinière de ministres au sein de la majorité, les dispositions déférantes propres à déterminer les préférences du chef de l'État, tout cet échange de bons offices et cette solidarité nouvelle d'intérêts, d'action partagée, de puissance commune, ne mettront-ils pas dans les mains du gouvernement de nouveaux moyens d'influence électorale?

C'est du moins son espoir, nous en sommes convaincu. Aussi tous ses efforts vont-ils tendre à empêcher que nulle réforme n'apporte des entraves à ses moyens de pression administrative. Voyez, par exemple, avec quel soin a été écartée par le projet de sénatus-consulte, et par le Sénat lui-même, la proposition de confier aux conseils municipaux la nomination des maires? on peut s'attendre à la même résistance opiniâtre pour tout ce qui touche à cet ordre de concessions.

Par contre, c'est de ce côté que doivent se tourner tous les efforts de l'opposition. Qu'on se pénètre bien de cette idée que toutes les réformes imaginables, si importantes qu'elles soient, n'auront leur prix et leur efficacité que si le suffrage universel est rendu à sa sincérité et à sa liberté. Et c'est là un problème plus difficile qu'on ne pense, en France plus que partout ailleurs peut-être, à cause de l'écrasante centralisation que lui ont enviée longtemps les peuples de l'Europe.

Il va de soi que la candidature officielle est un non sens en face du suffrage universel, et il est naturel que le mot d'ordre de l'opposition libérale ait été : plus de candidats officiels. Mais ce serait se faire une étrange illusion que de s'en tenir à ce vœu. Le pouvoir pourrait, à la rigueur, le satisfaire, sans que nous en fussions plus avancés. Cette prétendue neutralité de l'administration, que tant de gens ont la naïveté de considérer comme le remède souverain, le système administratif tout entier n'est-il pas constitué de façon à la rendre dérisoire?

IX

Il semble que, depuis leur grande révolution, les Français se soient ingéniés à construire l'ordre po-

litique le plus contradictoire qui se puisse concevoir.
Mettre à la base les principes de la démocratie la
plus pure, puis édifier sur une pareille base cette
centralisation de toutes les forces nationales, qui
constitue essentiellement l'œuvre impériale, c'était
le comble de l'irrationnel et de l'absurde. Et c'est là
pourtant ce qu'il a été convenu d'appeler le chef-
d'œuvre gouvernemental digne de servir à tous les
peuples de modèle ! Et une accumulation de préju-
gés a établi de telles confusions en ces choses anti-
nomiques : démocratie, empire ; souveraineté nationale, centralisation.... que toute la langue politique a fini par en être faussée et par devenir inintel-
ligible.

Il a fallu que le second empire, maître absolu de
cette machine artificielle, et obligé, pour se maintenir, de la faire fonctionner à outrance, fît toucher du
doigt les conséquences désastreuses d'un pareil système, pour que le voile tombât de tous les yeux.

On commence à comprendre qu'il est temps de remettre les choses dans l'ordre, si l'on veut faire cesser les complications inextricables ; et l'ordre, dans
la vie des sociétés humaines, c'est qu'il y ait correspondance entre tous les rouages du régime politique
qu'elles entendent se donner.

Le régime démocratique a ses conditions normales
comme tous les autres régimes ; et sa condition essentielle, capitale, c'est que le peuple, y possédant
la plénitude de la souveraineté, soit mis, par tout
l'ensemble de l'organisme politique, en mesure

d'exercer librement et sincèrement cette souveraineté,
et, en outre, que tout concoure à lui faire contracter
de plus en plus les mœurs démocratiques, par l'usage
constant, quotidien, à tous les degrés, de ses droits
individuels et collectifs.

C'est dire que la concentration de toutes les forces
vives du pays dans les mains d'un pouvoir chargé de
représenter les activités individuelles et de les mettre
en mouvement, est la conception la plus essentiellement antidémocratique.

Nous savons qu'il a été longtemps convenu de supposer deux manières de concevoir la formation et
l'action des sociétés démocratiques, selon le génie
particulier des divers peuples, l'une qu'on a appelée
la méthode française, l'autre la méthode américaine;
la première opérant l'unité sociale par en haut, faisant du pouvoir le moteur universel, incessamment
appliqué à mettre en mouvement toutes les parties
de la machine; la seconde procédant à l'inverse,
plaçant les vrais principes de vie et d'activité sociales
dans le mouvement libre et spontané des forces individuelles, qui se développent et se combinent dans les
divers groupes sociaux pour aboutir à la grande unité
nationale.

Mais, ces prétendues distinctions sont purement
arbitraires. Nul peuple n'est dispensé de chercher
dans les efforts individuels et dans les vertus privées
les conditions élémentaires de la vie démocratique.
Il n'y a pas deux méthodes opposées, et également
bonnes, de constituer solidement et de faire fonc-

tionner dignement le régime démocratique ; il n'y en
a qu'une, et celle-là, seule, est la bonne.

Ce qu'on attribue au génie propre de certains peuples est purement le résultat de circonstances qui ne
tiennent, en aucune façon, à des aptitudes ou à des
inaptitudes de race. Toute nation qui, par des causes
quelconques, est sortie de la voie normale de l'action
individuelle et du progrès par la liberté, est forcée
d'y rentrer, si elle veut être une vraie société démocratique. Et, en général, ce n'est qu'à travers des
crises redoutables que la force des choses les y ra-
mène, car il n'est pas facile de rompre avec de
vieilles traditions et de refaire les mœurs publiques.

X

Heureusement que la France possède, dans l'élasticité et la flexibilité de son caractère national, des
ressources infinies, et que son esprit éminemment
sociable la rend particulièrement propre à se façonner
sans peine aux conditions si complexes et aux mouvements si animés de la vie démocratique. Bien
qu'aujourd'hui il ne s'agisse de rien moins que de
remettre la pyramide sur sa base, nous osons prédire
qu'on sera confondu de la facilité avec laquelle les
populations, même les plus étrangères aux habitudes
de la vie publique, comprendront et pratiqueront

les devoirs civiques, dès qu'un courant quelque peu
caractérisé s'établira dans ce sens.

Déjà il est visible que ce courant tend à se former
dans l'opinion. Bien que le monde officiel s'obstine
à le détourner, et que les votes de la grande majorité des conseils généraux, affectant de passer à
l'ordre du jour sur les propositions vraiment éman-
cipatrices, semblent montrer que le pays entend
rester dans la vieille ornière, il n'est pas moins certain que tous les organes de l'opinion indépendante
réclament sur tous les tons le *gouvernement du pays
par le pays*, déclarant insuffisantes, sans importance
réelle, les réformes qui ne tendent pas à ce but, et
par conséquent font un cas fort médiocre de l'œuvre
accomplie par le Sénat.

Ces dispositions se sont fait jour dans les délibé-
rations de la plupart des conseils généraux. Presque
partout se sont trouvés quelques membres qui ont
porté la question sur le vrai terrain démocratique;
et les vœux exprimés par eux : nomination des maires
par les conseils municipaux ou directement par le
suffrage universel, abrogation de l'article 75 de la constitution de l'an VIII sur la responsabilité des fonctionnaires, plus d'arbitraire dans la délimitation des
circonscriptions électorales, etc…, accusent une préoccupation dominante et unanime, la volonté de rendre
le suffrage universel indépendant et sincère, en mettant le pouvoir central hors d'état de peser, par ses
agents, sur les élections.

Tout est là, et le problème ainsi posé n'implique

rien moins que le remaniement de tout l'ensemble de notre système administratif. On peut affirmer que, d'ici à peu de temps, le mot d'ordre de l'opposition sera : décentralisation administrative.

Ce n'est pas tout, en effet, que d'assurer l'indépendance, vis-à-vis du pouvoir, des conseils et des magistrats municipaux. Restent les fonctionnaires proprement dits, qui ont bien aussi leurs devoirs de citoyen à remplir, et, par conséquent, droit à l'indépendance électorale. Ils ont d'ailleurs une influence réelle et grande sur les populations, et ils l'exercent, on sait avec quel zèle et quel succès, au profit de l'administration.

Il faudra donc trouver le système le plus propre à garantir l'indépendance du fonctionnaire de tout ordre et de tout grade ; il faut que chacun puisse voter à son gré, sans risquer sa place s'il est amovible, ou sans compromettre son avancement s'il est inamovible.

Évidemment, il y a là un problème fort compliqué, et qui exige des recherches sérieuses en théorie et peut-être des tâtonnements dans l'application. Ce n'est pas en un jour qu'on peut accomplir cette œuvre radicale de la décentralisation, et reconstituer, à ce point de vue des droits de l'homme et du citoyen, des initiatives individuelles, des activités locales, en un mot de la vie démocratique, la machine administrative et gouvernementale.

Dans tous les cas, une *assemblée constituante*, seule,

peut être appelée à poser les bases de ces vastes transformations.

XI

Mais, en attendant qu'une loi électorale bien faite, combinée avec un système administratif vraiment démocratique et correspondant à cette loi électorale, assure le jeu parfaitement indépendant du suffrage universel, il est quelques réformes urgentes qui se peuvent opérer sans délai, et l'on trouverait, en outre, des moyens propres à atténuer les inconvénients du régime actuel.

La plus nécessaire de ces réformes, la plus vivement réclamée par l'opinion, est celle qui rendra aux maires leur indépendance, en attribuant leur nomination aux conseils municipaux.

Il en faut dire autant des gardes champêtres, lesquels, nommés par les préfets, sont, dans la main du pouvoir, le fléau des communes rurales ; ce sera pour le pays une véritable délivrance que de voir cesser ces odieux moyens de pression et de vexations continuelles ; il faut que ces gardes soient purement et simplement des agents de la commune, nommés par les conseils municipaux.

Une réforme non moins importante et non moins urgente est celle qui concerne les attributions des juges de paix. Rien n'est plus déplorable que l'obligation qui leur est imposée de remplir, vis-à-vis du pouvoir, l'office de surveillants de l'opinion, et qui les assimile, en quelque sorte, aux commissaires de police. Ce rôle, en les rendant fort redoutables aux populations, en fait les plus puissants de tous les agents électoraux.

Nous savons qu'il est de ces magistrats qui mettent toute la réserve et toute la dignité possibles dans l'accomplissement de cette mission si délicate ; mais c'est un mal en soi que d'accoupler des attributions si distinctes et si disparates, parce que l'abus est trop près de l'usage, parce que l'influence de ce magistrat est toujours fort grande, et que, malgré sa discrétion, il pèse naturellement sur le vote de ses justiciables. Sans doute, la loi, en interdisant aux juges de paix ces rapports extra-judiciaires avec le pouvoir, n'empêcherait pas entièrement l'action du gouvernement sur ces magistrats, et, par suite, l'action de ces magistrats sur les électeurs ; mais elle en atténuerait les effets.

Cette réforme, comme toutes les autres, ne peut, bien entendu, avoir sa pleine efficacité qu'à la condition de correspondre avec un remaniement de tout le système administratif et électoral.

XII

Nous avons dit qu'indépendamment de ces réformes urgentes, et en attendant l'œuvre complète de la décentralisation administrative, il serait bon d'établir quelques moyens de protéger l'indépendance des électeurs. En voici un fort simple que nous indiquons :

Il s'agirait d'investir les conseils municipaux du droit et du devoir de surveiller l'accomplissement de l'œuvre électorale. Quand viendrait la période de l'élection, chaque conseil nommerait une commission chargée d'exercer efficacement cette surveillance, de recevoir les communications et les plaintes des citoyens, ayant le droit d'ouvrir, au besoin, des enquêtes et de traduire en justice tout citoyen ou tout fonctionnaire qui aurait employé la corruption ou la violence envers les électeurs.

Ceux qui n'ont en vue que les grands centres de population seront, au premier abord, peu frappés de l'utilité de cette mesure. Là, en effet, l'action collective a créé des habitudes de vigilance; les divers partis ont les yeux ouverts sur les actes des fonctionnaires, et il se trouve des citoyens assez courageux et assez zélés pour signaler les faits coupables et mettre le ministère public en demeure d'agir.

Mais on sait que partout ailleurs l'initiative des citoyens est fort insuffisante, et presque nulle dans les communes rurales. Ce n'est pas un des moindres effets de la centralisation administrative, que cette disposition de chacun à l'inertie, pour ce qui est de l'exercice des droits civiques, tant que la loi n'en fait pas une fonction. Il y a lieu d'espérer que la mission légale, deférée aux représentants de la commune, de surveiller et de réprimer les abus électoraux, aura pour principal résultat de préparer les populations aux mœurs démocratiques. Devant une commission municipale faisant œuvre publique, cesseront en grande partie, qu'on n'en doute pas, les timidités qui arrêtent presque toujours les communications spontanées.

Évidemment, cette mesure, ou toute autre analogue, sera rendue superflue dès que la décentralisation et une organisation rationnelle de tous les services publics auront restitué à la magistrature sa complète indépendance. Alors, la surveillance et l'action des juges ordinaires suffiront pour assurer le respect de la loi électorale et la pleine liberté des électeurs.

Et, à vrai dire, tant que cette entière reconstitution n'aura pas été faite, les réformes partielles, même les meilleures, et les palliatifs plus ou moins ingénieux, ne pourront produire que des résultats bien restreints. Ils n'auront d'intérêt et d'importance qu'en tant qu'ils seront toujours une préparation et un acheminement à l'œuvre générale de reconstruction.

XIII

Or, il faut reconnaître que les maîtres de la situation, c'est-à-dire le gouvernement, le Sénat et la majorité parlementaire, ne paraissent disposés ni à

opérer tout d'une pièce cette œuvre de reconstruction, ni à s'y acheminer par les vraies réformes propres à y conduire. On a vu, par exemple, avec quel
soin jaloux le rapporteur du Sénat a proclamé la nécessité de laisser les maires sous la main du pouvoir,
et avec quelle vivacité passionnée le ministre de l'intérieur a repoussé toute innovation à ce sujet, quand
le prince Napoléon s'est fait sur ce point l'organe de
l'opinion publique.

Ni reconstruction générale immédiate à attendre
de l'initiative des pouvoirs publics; ni mesures partielles destinées sincèrement à donner un commen-
cement de vie politique aux populations et de ressort
au corps électoral; avons-nous donc abouti à une
impasse et sommes-nous condamnés à rouler dans un
cercle vicieux?

On pourrait le croire, à entendre les uns s'épuiser
à demander de nouvelles et prochaines élections
dont l'objet serait de nommer une assemblée constituante, quand il est manifeste qu'une pareille solution est absolument aux antipodes des dispositions
bien connues et du pouvoir, et du Sénat, et du Corps
législatif nouvellement élu; à voir les autres étaler
complaisamment, au Sénat et ailleurs, un programme de réformes partielles qu'ils savent bien
qu'on n'a nulle envie de réaliser, voire même pour
en faire les assises d'un empire libéral.

Blâmons-nous nos amis d'affirmer la nécessité de
ces réformes ? Non certes. Mais nous les prévenons
qu'ils prêchent dans le désert, tant qu'ils s'adressent

à ceux-là mêmes qui sont intéressés à ne pas les satisfaire. Comme eux nous pensons qu'une constituante, seule, peut dénouer la situation, mais nous n'avons pas la naïveté de croire que le gouvernement et la majorité vont nous dire : « Eh bien, soit, nous vous laissons le champ libre; faites table rase; que la nation, désormais parfaitement libre, délègue ses pleins pouvoirs à une assemblée constituante, et que cette assemblée consomme, au nom du pays, la révolution pacifique. »

S'en tenir à ces termes, c'est ne rien conclure.

Mais, si, d'une part, nous répudions tout autre moyen que les moyens pacifiques, et si, d'autre part, nous reconnaissons qu'il serait dérisoire d'attendre la solution radicale du bon vouloir des pouvoirs actuels, où est l'issue qui peut nous mener au but?

Voici notre réponse, rappelant le vœu unanime de l'opposition à la fois radicale et pacifique, et, en regard, notre conclusion :

XIV

Le pays, c'est notre conviction, veut une reconstitution politique, du sommet à la base, parce qu'il a besoin de se sentir sous un régime qui soit véritablement son œuvre. Mais il veut que cette rénovation soit pacifique. Tant que le but ne sera pas atteint, nous continuerons de nous débattre entre des forces contradictoires, c'est-à-dire dans la situation la plus périlleuse qui se puisse concevoir; et une crise violente sera toujours imminente.

Si le pouvoir consentait à convoquer une *constituante* nommée par le suffrage universel *laissé libre*, évidemment la difficulté serait tranchée de fait; la révolution pacifique s'accomplirait d'elle-même. *Quelle que dût être la constitution* établie par l'assemblée nationale, le régime nouveau, ayant là son point de départ, ne garderait rien de commun avec les régimes antérieurs. Préférences, regrets, rancunes, devraient se taire devant cette constitution, œuvre inconstestée de la France, et par conséquent légitime aux yeux de tous; constitution, d'ailleurs, toujours perfectible et toujours modifiable au gré du seul souverain, la nation.

Mais, la difficulté vient, nous l'avons dit, de ce que le pouvoir ne veut pas se placer sur le terrain d'une constituante nouvelle, librement élue et absolument souveraine.

Si la majorité du Corps législatif actuel approuvait cette idée d'une constituante à convoquer immédiatement, et qu'elle déclarât solennellement que tel est le vœu du pays, mis en lumière par les dernières élections, il faudrait bien que le pouvoir cédât, à moins qu'il n'aimât mieux recourir de nouveau à la suprême ressource d'un coup d'État.

Mais la majorité actuelle du Corps législatif, nous l'avons dit, ne semble pas en disposition de placer le pouvoir dans une pareille alternative.

Il faut donc que l'opposition, désormais, ait un but principal, son objectif presque unique, préparer l'opinion, par tous les moyens de propagande : tribune, presse, réunions publiques et privées, à cette idée d'une nouvelle constituante, afin que, à quelque moment que se dissolve l'assemblée actuelle et que le corps électoral soit convoqué, la mission des élus soit surtout et impérativement de demander la convocation immédiate d'une constituante.

Quand il se trouvera une majorité venant dire, au nom de la nation : « Il ne s'agit plus de réformes partielles ; il ne s'agit plus de tels ou tels intérêts dynastiques ; il s'agit encore moins de votre bon vouloir, de votre initiative et de vos concessions octroyées ; il s'agit de la résolution formelle où est le pays de reprendre par la base et de reconstituer son régime politique, » je ne m'imagine guère que devant un pareil langage, solennel et péremptoire, des élus du peuple, il y eût un pouvoir assez aveugle, assez imprudent et assez audacieux pour répondre : « Je n'ai qu'un souci, me conserver et me perpétuer ; je n'ai à me concerter avec les députés de la nation qu'en tant qu'ils viennent m'exprimer, au nom du pays, de modestes suppliques ; je tiens pour séditieux quiconque, d'où qu'il ait reçu son mandat, m'apporte une injonction qui prétend me faire un rôle subordonné, et j'entends maintenir mon droit. »

Nous nous abusons fort si, dans ce cas, quel que fût le moyen de résistance employé par le pouvoir, il n'en résultait pas pour lui une situation impossible.

Quoi qu'il en soit, l'État prendrait alors une attitude séditieuse, et il serait responsable des conséquences terribles qui pourraient sortir de cette situation.

Oui, voilà la seule solution possible : préparer l'opinion, afin que le pays, par ses représentants, exprime un jour, bien nettement, bien péremptoirement, sa volonté, qu'une assemblée constituante réalise radicalement la *révolution pacifique*; de telle sorte que le pouvoir se trouve dans cette alternative, ou de céder à cette volonté du pays et de laisser la révolution pacifique se consommer librement, ou de se constituer en état de sédition et de révolte contre le vrai et seul souverain.

La révolution pacifique est tout entière là.

De même que nous blâmerions sévèrement les partis qui, pouvant prendre cette voie, aimeraient mieux, par impatience, recourir à la révolution violente; de même, et plus encore, réprouverions-nous la conduite du pouvoir, si, devant l'injonction formelle du pays, il mettait obstacle à l'élection d'une constituante chargée d'accomplir la révolution pacifique, et déchaînait par là, inévitablement, on peut le dire, l'horrible fléau de la guerre civile.

XV

Qu'on ne pense pas, d'ailleurs, que nous ayons l'esprit assez nourri de chimères pour nous persuader qu'une fois la constituante nommée, puis son œuvre, si heureusement réussie qu'on la suppose, accomplie, tout serait dit, et que nous verrions, comme par un coup de baguette merveilleuse, l'arbre démocratique, en pleine séve et en pleine fécondité, s'épanouir aussitôt et produire ses plus beaux fruits.

Mais l'âme qui doit faire vivre et grandir ces générations soudainement mises en possession d'elles-mêmes, le principe vivifiant qui doit mettre en mouvement les activités individuelles et réaliser l'harmonie sociale par l'échange pacifique des idées et la combinaison fraternelle des intérêts, l'esprit de liberté, en un mot, surgira-t-il des profondeurs de la conscience nationale et fera-t-il de nous des hommes nouveaux?

Il est clair que, dans les pages qui précèdent, nous n'avons parlé que de la solution juridique et en quelque sorte mécanique du problème. Voilà bien un peuple souverain; toutes les barrières sont tombées devant lui; il peut désormais agir en maître; nul pouvoir ne lui imposera la règle de ses actes; la loi sera l'œuvre de tous. Nous supposons même que chaque citoyen, fier de son droit reconquis, est jaloux de le faire respecter en sa personne. S'imagine-t-on que rien désormais ne manque aux conditions de l'ordre social, et que, chez ce peuple, va se réaliser à l'instant le règne de la justice?

Non, certes. Le droit n'est pas tout en ce monde. Il est la base rationnelle des rapports entre les êtres intelligents, et par conséquent libres; mais il sera stérile et deviendra même un principe de dissolution et de désordre, si, à côté du droit, ne se place pas le devoir : le devoir, principe générateur de l'ordre moral, dont le droit fournit les éléments.

Mis en présence les uns des autres avec leurs droits respectifs, les hommes sont encore, sinon étrangers entre eux, du moins indifférents. Que chacun n'ait que la préoccupation de son droit propre, le seul contact va rendre le choc et la lutte inévitables. Que le sentiment du devoir apparaisse, au lieu de la lutte brutale, s'accomplira l'union des âmes par l'amour.

Le sentiment du devoir, qui n'est autre que la reconnaissance et le respect du droit dans la personne d'autrui, tient en équilibre l'ensemble des intérêts, des besoins et des passions, par la limite que chacun s'impose volontairement à soi-même; l'amour, qui est la perfection idéale du devoir, ou plutôt son expression vivante et ardente, en faisant du cœur l'instrument de la justice, crée la vraie société humaine, c'est-à-dire une famille de frères.

C'est ce sentiment du devoir, ennoblissant la notion du droit et sanctifiant en quelque sorte ses manifestations sociales, qui est l'esprit de liberté.

Cet esprit de liberté règne-t-il en France? Ne

semble-t-on pas avoir pris à tâche de le bannir de
nos mœurs ? Et n'est-ce pas là qu'est le danger, au
moment où la marche logique des choses va remettre
à chacun sa part de souveraineté active et effective ?
Où sont les citoyens que préoccupent leurs devoirs civiques ? Paraissent-ils se douter que, « sous un
régime démocratique, tout citoyen est un soldat au
service de la vérité et de la justice[1] ? » L'opposition,
si ardente à revendiquer les droits foulés aux pieds
par les régimes césariens, se préoccupe-t-elle assez
des moyens propres à développer les mœurs démocratiques , c'est-à-dire à inspirer aux populations
l'esprit véritable de liberté?

Cet esprit de liberté qui tient toujours en éveil les
bons vouloirs, qui s'ingénie à profiter des libertés que
l'on possède déjà, au lieu d'user toute activité individuelle et collective à réclamer celles que l'on n'a pas.

Cet esprit de liberté qui apprend à respecter la
liberté des autres, qui, au lieu de faire consister tout
le rôle et tout le zèle politique à détester ses adversaires, sait allier aux convictions profondes et aux an-
tipathies doctrinales la bienveillance envers les personnes, comprenant que la haine est stérile et que
l'amour, seul, est fécond.

Cet esprit de liberté qui rapproche les cœurs, unit
les volontés, inspire les concessions mutuelles, et,
par suite, combine les efforts dans l'intérêt commun.

Cet esprit de liberté que je persiste à nommer l'es-

---

1. Voir mon *Programme politique*, page 6. — 1849.

prit chrétien, parce qu'il n'a pas eu, dans le cours des siècles, de plus haut et de plus parfait représentant que l'inspirateur de l'Évangile.

Je sais qu'un courant, chaque jour plus débordant et plus rapide, entraîne les esprits loin de cette source où m'apparaissent les origines du droit moderne ; je sais qu'au nom de la science, au nom de la libre pensée, sont écartées, par la plupart des écoles démocratiques, les doctrines qui ont été l'aliment et la vie d'une longue suite de générations : illusions naïves des âges ignorants et barbares. Garder ces illusions devant les découvertes et les illuminations des méthodes nouvelles, c'est, pense-t-on, asservir et amoindrir son intelligence ; encore un peu de temps, et ce sera faiblesse d'esprit et impuissance que d'admettre Dieu dans les conseils de la sagesse humaine.

Je sais tout cela ; mais je n'aurai pas la lâcheté de renier une cause parce qu'elle n'est point populaire. Convaincu plus que jamais que les deux forces qui se partagent le monde, en se combattant, s'égarent, et que, plus les peuples deviennent libres et souverains, plus ils ont besoin des fortes et saines doctrines du christianisme, je ne me lasserai pas de crier à mes amis politiques :

Qui que vous soyez, ne dédaignez pas de convier les peuples à puiser à cette source, si vous voulez leur inspirer les sentiments et créer en eux les vertus qui sont le vrai ciment et la vie des sociétés démocratiques. La démocratie, privée de cette force supérieure, ne vous offrira qu'une poussière sans cohésion. Ne l'oubliez pas, si, en bas, la terre fournit les éléments constitutifs des êtres qui végètent ou qui se meuvent à sa surface, c'est d'en haut que viennent les rayons vivifiants et la rosée fécondante.

FIN.

APPENDICE

APPENDICE.

CIRCULAIRE AUX ÉLECTEURS.

Il y a, pour les nations, un état plus funeste que le despotisme brutal et autocratiquement appliqué, plus funeste que les crises convulsives, c'est celui où, s'abandonnant elles-mêmes, elles se laissent endormir par des lois illusoires et des pratiques gouvernementales hypocrites.

Le despotisme brutal est un ennemi sans masque, sous lequel les âmes, opprimées mais non avilies, muettes mais irréconciliables, s'indignent, protestent e attendent, frémissantes, le jour de la délivrance.

Les révolutions, même les plus violentes, outre qu'elles contiennent pour tous des leçons providentielles, trempent du moins les caractères en exaltant

jusqu'à l'héroïsme les mâles passions et faisant éclater les vertus civiques.

Le pire de tous les régimes, le plus détestable et
le plus désastreux, vous le savez aujourd'hui, c'est le
régime qui, par des combinaisons perfides, gardant
la lettre des beaux et grands principes, les laissant
briller en tête de la Constitution, s'attache à en rendre l'application impossible ou dérisoire. Ne pouvant reprendre le droit souverain à ce peuple qui, en
48, s'était si fièrement affirmé, on a profité d'un
moment de défaillance pour le frapper de terreurs
misérables et lui arracher de fait l'abdication de sa
vie morale : abdication aussi dangereuse que coupable, car, pour les peuples comme pour les individus
qui se renient eux-mêmes, la décadence est fatale et
rapide.

Que diriez-vous d'un mineur qui, ayant atteint
l'âge d'homme, afin de se dispenser de l'activité et
des devoirs que sa majorité lui impose, laisserait la
tutelle se perpétuer? Vous diriez que cet homme est
un lâche.

Et que diriez-vous du tuteur qui, pour garder son
pouvoir, s'appliquerait à éteindre dans l'âme de son
pupille toute virilité en l'abaissant et la dégradant
par la corruption et l'ignorance ? Vous diriez que cet
homme a commis le plus grand des crimes.

Marché également honteux pour le spoliateur et
pour la victime.

Ce marché, depuis dix-huit ans, la France en a
subi l'humiliation. On lui a fait peur d'elle-même ;

on lui a dit : « Que vous importe l'exercice de votre droit souverain, pourvu que vous en gardiez l'apparence ? Que vous importe votre dignité? Occupez-vous de vos affaires et de vos plaisirs ; faites prospérer vos industries, et laissez-nous le soin de vous gouverner; en abdiquant entre nos mains, vous vous épargnez les soucis, les sacrifices qui accompagnent les graves devoirs de la vie publique, et vous écartez à tout jamais les périls des agitations politiques. »

Quelques lutteurs intrépides, voyant le danger, ont protesté dès la première heure ; ils savaient qu'un peuple n'abdique pas ses droits sans courir à sa ruine ; ils savaient, et c'est l'honneur de l'humanité, que les destinées matérielles des peuples sont inséparables de leurs hautes destinées morales et que fatalement on les appauvrit et on les épuise en les avilissant. Ils protestaient donc au nom de l'éternelle justice, au nom des principes de 89 qui ont fait la France si prospère en la faisant si glorieuse.

Cependant la masse distraite continuait de répondre :

« Qu'importent toutes ces nobles et grandes choses? Qu'importe que la presse soit muette, que la parole soit interdite ou entourée d'entraves ? Qu'importe que nos maires et nos gardes champêtres nous mènent au scrutin comme un troupeau d'esclaves ?... Nous, villageois, ne vendons-nous pas nos denrées? Nous, citadins, n'avons-nous pas la liberté et la sécurité de nos transactions ? Nos affaires prospèrent; le luxe étale ses merveilles ; les emprunts en affluant dans les coffres de l'État prouvent que la richesse nationale déborde.... »

Oui, mais en même temps les impôts grossissaient ; le budget s'enflait, s'enflait toujours ; les armées étaient mises sur un pied formidable ; des expéditions lointaines se faisaient, dans le seul but de donner satisfaction à quelques intérêts égoïstes ; l'esprit d'aventure, fruit inévitable d'une autorité arbitraire et omnipotente, tenait suspendues sur le pays et sur l'Europe des rumeurs menaçantes ; une sorte de panique universelle et persistante paralysait le monde des affaires, comme sous le coup d'une conflagration imminente. La France aboutissait fatalement à une situation tendue et inextricable. Cette sécurité tant promise pour prix de sa coupable abdication, elle ne pouvait l'acheter maintenant qu'en épuisant ses trésors et dépeuplant ses campagnes.... Logique vengeresse qui se charge de redresser les peuples, en même temps qu'elle châtie les superbes ou les perfides qui, par la violence ou la ruse, les ont abaissés et dégradés.

La lumière s'est ainsi faite aux yeux des plus aveugles. Ce réveil, que n'avaient pu provoquer les voix indépendantes, la dure expérience l'opère. Le détestable régime que nous subissons aura eu ce résultat suprême de servir la liberté plus que ne l'avaient pu faire tous les raisonnements ensemble, car il a montré ce qu'il en coûte à un peuple d'abdiquer ses droits aux pieds d'un gouvernement personnel et arbitraire ; il a fait éclater la preuve qu'en sa-

crifiant sa dignité, on sacrifie encore plus ses intérêts.

Pour que la prospérité d'un peuple soit réelle,
profonde, il faut que ce peuple s'appartienne. Maître
de ses destinées, il l'est de sa sécurité, et de celle du
monde quand ce peuple s'appelle la France. Avec la
sécurité, le crédit public, dont elle est la vie, se ra-
nime, les défiances internationales s'éteignent, les
désarmements s'en suivent, les impôts s'allégent et
rendent aux travaux féconds de la paix les sommes
qui s'épuisaient en appareils improductifs et meur-
triers.

Donc, électeurs, si vous voulez désenfler vos bud-
gets; si vous voulez garder vos fils; si vous voulez
consacrer à leur instruction un peu de ces sommes
qui s'accumulent par milliards sur des œuvres sté-
riles, commencez par reprendre possession de vous-
mêmes; sachez vous redresser dans l'exercice de vos
droits civiques; sachez comprendre que la *candidature officielle* est un non sens et un outrage à la conscience publique; sachez regarder en face l'agent du
pouvoir qui vous tend le bulletin de vote, et lui dire :
« Qui êtes-vous pour me dicter mon suffrage? C'est
pour contrôler vos actes et ceux de vos chefs que je
nomme mes représentants; le jour où la volonté nationale a ses manifestions solennelles, votre devoir
est de vous effacer et d'attendre en tout respect notre
décision souveraine. »

Concitoyens de l'Ariége, n'est-il pas temps de prendre cette attitude? N'est-ce pas assez de ces longues

années d'humiliation et des conséquences désastreuses
qu'elles ont produites ? Attendez-vous que la dégra-
dation morale ait enveloppé le corps politique d'une
lèpre invétérée et incurable? Que craignez-vous ?
Armés de votre droit, vous serez inviolables ; quand
les fonctionnaires vous verront, la loi à la main, résolus à n'en point franchir les limites. mais résolus
aussi à la faire respecter dans vos personnes, toute
violence cessera, et toute fraude, au jour du scrutin,
sera rendue impossible.

Cette première conquête réalisée, la conquête de
vous-mêmes, toutes les autres viendront par surcroît.
Vos mandataires, indépendants en face du pouvoir,
comme vous l'aurez été en face des autorités locales,
mettront fin à toutes les hypocrisies de la loi ; ils
vous rendront toutes vos libertés ; ils compléteront
et couronneront l'œuvre de 89.

Ces conquêtes pacifiques par le libre jeu du suffrage universel, bien loin de rouvrir l'ère des crises
violentes, les rendront à tout jamais impossibles en
les rendant inutiles, car, devant votre volonté exprimée avec calme, tout progrès s'accomplira sans
secousse, toute constitution se modifiera au gré de
vos désirs et de vos espérances.

L'émotion qui agite la France, l'attente solennelle
de cette date de 1869, prouvent que cette épreuve
sera décisive. Ariégeois, seriez-vous les derniers à
faire acte de virilité au moment où toute âme libre
va prendre part à cette suprême revendication ?
N'êtes-vous pas ce même peuple que nous avons vu,

il y a vingt ans, si digne, si fier, si fort dans sa majesté sereine ?

C'est au nom de ces souvenirs glorieux que je vous fais appel ; c'est au nom de tous les cœurs indomptables qui, fidèles à ces souvenirs, n'ont jamais désespéré de leur pays : longues défaillances, universelles et lâches terreurs, égoïste insouciance de toute une génération, rien ne les a lassés. Aujourd'hui, ils me font l'insigne honneur de me confier ce drapeau que j'aurais voulu remettre à des mains plus capables et plus dignes ; il leur a suffi qu'il fût tenu par des mains fidèles ; à ce titre, je l'ai reçu sans hésiter ; soutenu par leurs sympathies et par les vôtres, j'ose affirmer que je ne faillirai pas à ma mission.

Venez donc à nous, vous tous qui gardez la rougeur au front, tant que votre pays n'est pas un pays libre. Vieillards, qui donnâtes au monde un si noble spectacle, lorsque, bannières déployées, vous marchiez au scrutin comme à une fête, venez à nous ! Jeunes gens qui vous indignez et frémissez qu'on veuille faire de vous un peuple sans foi, sans mâles vertus et sans enthousiasme, levez-vous ! Répandez-vous dans nos vallées comme une légion héroïque ; enflammez le cœur de vos frères. Il y a de patriotiques échos dans nos montagnes ; ils feront retentir jusqu'au dernier hameau votre cri de délivrance ; l'âme nationale vous répondra.

A l'œuvre tous ; il dépend de vous, comme il dépend de tous vos vaillants frères de France, de remporter une de ces victoires décisives et réparatrices qui rachètent et vengent les plus longues années d'abaissement.

9 mai 1869.

FIN DE L'APPENDICE.

TABLE DES MATIÈRES.

Imprimerie générale de Ch. Lahure, rue de Fleurus, 9, à Paris.

www.ingramcontent.com/pod-product-compliance
Lightning Source LLC
Chambersburg PA
CBHW050010100426

42739CB00011B/2587